英語力テスト1000
楽しみながら語学センスがらくらくアップ！

小池直己／佐藤誠司

PHP文庫

○本表紙図柄＝ロゼッタ・ストーン（大英博物館蔵）
○本表紙デザイン＋紋章＝上田晃郷

はじめに

「英語力」とは何でしょうか？　語学の力は，一般に「読む」「書く」「聞く」「話す」の4つの技能からなる，と言われています。これらの技能は学校で学びますが，それは実生活に必要な広い意味での「英語力」のほんの一部にすぎません。

　たとえば，大学入試で問われる英語力とは，主に「(大学の授業で使う) 英書を読むための力」と言えるでしょう。一方，本書で問う英語力は，「実用的な (コミュニケーション手段としての) 英語の運用能力」です。

　その目的に沿って，会話・新聞記事・日常的なテーマなどに関する語彙や表現を重点的に取り上げてあります。本書の主な目的は読者の英語力を判定することですが，間違えた問題を復習することによって，実践的な英語力の向上にも役立つはずです。

　本書は Part 1 ～10まで100題ずつに分かれており，問題数は全部で1000題です。最初は易しい問題ですが，だんだん難度が上がっていきます。中学で習った英語をほとんど忘れてしまった人も，TOEIC®テストで満点近くの得点を取れる人も，自分の実力に見合う問題が見つかるはずです。

テストは，1回につき10題です。時間制限があるもの以外は時間をいくらかけてもかまいませんが，5分もあれば解けるものばかりでしょう。答えを確認し，1問1点で採点してください。得点に応じた実力判定の目安は，次ページの通りです。

　最後に，本書の出版にあたり，編集の労をとってくださったPHP研究所文庫出版部の伊藤雄一郎さんに，心より御礼申し上げます。

2005年8月

小池直己
佐藤誠司

得点	判定
0〜100点	残念！　あなたの英語力は中学1年生並み。
101〜300点	あなたの実力は中学2〜3年生並み，というところでしょうか。
301〜400点	あなたには高校1〜2年生程度の英語力があります。
401〜600点	高校3年生程度。あなたが望むなら，大学受験も可能です。
601〜700点	センター試験を受験すれば，満点近い得点が取れるのでは？
701〜800点	あなたは，日常会話程度なら十分に対応できる英語力があります。
801〜900点	生活でもビジネスでも，英語によるコミュニケーションが可能でしょう。
901〜950点	ご立派！　TOEICで楽に900点以上のスコアを出せる実力があります。
951〜1000点	言うことなし。あなたは英語の達人です。

(注)
1. 選択式問題と記述式問題とがあります。
2. 穴埋め問題でカッコの中に，たとえば「(b　　)」とあれば，bで始まる単語が入ります。
3. 本書の説明は，原則としてアメリカ英語を念頭に置いています。

英語力テスト1000 目次

はじめに

Part1 これだけは絶対に知っておきたい！ ——9
TOEIC スコア：300 点未満レベル

Part2 中学程度の基本の基本！ ——41
TOEIC スコア：300 ～ 400 点レベル

Part3 英語の基礎はマスター！ ——73
TOEIC スコア：401 ～ 500 点レベル

Part4 まだまだ高校生の授業クラス！ ——105
TOEIC スコア：501 ～ 550 点レベル

Part5 大学生ならクリアしたい！ ——137
TOEIC スコア：551 ～ 600 点レベル

Part 6 英語でコミュニケーションがとれる! —— 169
TOEIC スコア:601 ～ 650 点レベル

Part 7 英語で日常生活も大丈夫! —— 201
TOEIC スコア:651 ～ 700 点レベル

Part 8 ビジネス英語が使いこなせる! —— 233
TOEIC スコア:701 ～ 800 点レベル

Part 9 これが解けたら英語の達人! —— 265
TOEIC スコア:801 ～ 900 点レベル

Part 10 ネイティブ・スピーカー並みの英語力! —— 297
TOEIC スコア:901 点以上レベル

本文デザイン——印牧真和

Part 1

これだけは絶対に知っておきたい！

TOEICスコア
300点未満レベル

1 日本語・英語または番号で答えてください。

1「Vサイン」の「V」とは，何の略？

2 アルファベットのAからZまでは全部で何文字？（制限時間3秒）

3 Thursday "サーズデイ" は何曜日？

4 USAは「アメリカ合衆国」。では，UNは？

5 sunny-side up とは，どんな料理？

6「手袋」の正しいつづりは？
　① grove　② globe　③ glove　④ grobe

7「1975年」を英語で読むと？

1 victory "ビクトリー"
解説 victory は「勝利」。

2 26文字
解説「アルファベット」のつづりは alphabet。

3 木曜日
解説「火曜日（Tuesday "チューズデイ"）」と混同しないように。

4 国連
解説 the United Nations の略。

5 目玉焼き
解説 黄身を太陽に見立てたもの。sunny-side up は「（片面だけを焼いた）目玉焼き」で，両面を焼いたものは over easy。

6 ③
解説 ①は「小さな森」，②は「地球」。

7 ナインティーン・セブンティファイブ (nineteen seventy-five)
解説「2005年」は two thousand five と読みます。

8 Spring comes after ( ). のカッコの中に入る単語は？

9「すみませんが，タバコの火を貸してくれませんか」の下線部を英語に直すと？
① Excuse me.　② I'm sorry.　③ Thank you.

10「私は犬が好きです」を英語に直すと？
① I like a dog.　② I like the dog.　③ I like dogs.

2 カッコ内の単語を，適切な形に直してください（2語以上になる場合もあります）。

1 ゆりかごの中に2人の赤ん坊がいます。
There are two (baby) in the cradle.

2 マリコは歌が上手です。
Mariko is a good (sing).

3 この車庫は私の家より大きい。
This garage is (big) than my house.

4 今日は私には最悪の日だった。
Today was the (bad) day for me.

8 winter
解説「春は冬の後に来る」

9 ①
解説 I'm sorry. は，自分の非をわびる表現。

10 ③
解説 a dog だと「1匹の犬が好き」，the dog だと「その犬が好き」の意味になります。「○○一般」を表すときは複数形を使い，a や the はつけません。

1 babies
解説 lady ⇒ ladies なども同様。

2 singer
解説 ここでは singer は「歌う人」。「(プロの)歌手」という意味ではありません。

3 bigger
解説 比較級。g を重ねる点に注意。

4 worst
解説 bad「悪い」の最上級は worst。

5 今日は曇りです。
It is (cloud) today.

6 妻は毎朝ジョギングしています。
My wife (jog) every morning.

7 男の子たちは居間でトランプをしています。
The boys (play) cards in the living room.

8 きのうコンサートに行きました。
I (go) to the concert yesterday.

9 このパソコンは中国製です。
This personal computer is (make) in China.

10 私の犬は車にはねられました。
My dog (hit) by a car.

3 日本語・英語または番号で答えてください。

1 around-the-clock restaurant とは,どんなレストラン？

5 cloudy
解説 cloud は「雲」。cloudy は「曇っている」。

6 jogs
解説 jog は「ジョギングする」という動詞。現在の習慣は現在形で表すため，3単現の s がつきます。

7 are playing
解説 現在進行形。

8 went
解説 go の過去形は went。

9 made
解説 受動態。make の過去分詞は made。

10 was hit
解説 受動態。hit の過去分詞は hit。

1 24時間営業のレストラン
解説「一晩中営業しているレストラン」は all-night restaurant。

Part 1 これだけは絶対に知っておきたい！ | 15

2 「中学校」を英語に直すと？

3 life insurance company とは，どんな会社？

4 The tenth month of the year is ( ). のカッコ内に入る単語は？

5 The capital of England is ( ). のカッコ内に入る単語は？

6 boy の複数形は boys。では child の複数形は？

7 speak「話す」の活用は，speak-spoke-spoken。では，write「書く」の活用は？

8 「時計」は clock。では，「目覚まし時計」は？

9 「1万円」を英語で言うと？

10 「私がその仕事をしましょう」を英語に直すと？
① I do the job. ② I'm do the job.
③ I'll do the job.

16

2 junior high school "ジュニア・ハイ・スクール"
解説「高校」は high school。「小学校」は elementary school。

3 生命保険会社
解説「株式会社」は stock company。

4 October
解説「1年の10番目の月は，10月です」

5 London
解説「イギリスの首都はロンドンです」

6 children
解説 不規則な複数形の一種。

7 write-wrote-written
解説「(動詞の) 活用」とは，「原形 - 過去形 - 過去分詞」のこと。

8 alarm (clock)
解説 fire alarm は「火災報知機」。

9 ten thousand yen
解説 yen には s はつきません。

10 ③
解説「～するつもりです」の意味は，will で表します。

4

カッコの中に，次（20ページ）から適切な単語を1つずつ選んで入れてください。使うのは1語1回限りです。

1 私はカラオケが得意だ。
I'm good (　　) karaoke.

2 私はヘビがこわい。
I'm afraid (　　) snakes.

3 私は彼を待っています。
I'm waiting (　　) him.

4 CDを約100枚持っています。
I have (　　) 100 CDs.

5 それを電子メールで送りなさい。
Send it (　　) e-mail.

6 浴室つきの部屋がほしい。
I want a room (　　) a bath.

7 急げ！
Hurry (　　)!

8 出ていけ！
Get (　　)!

18

1 at
解説 be good at ~ 「~が得意だ」

2 of
解説 be afraid of ~ 「~がこわい」

3 for
解説 wait for ~ 「~を待つ」

4 about
解説 about ~ 「およそ~」

5 by
解説 by ~ 「~によって」

6 with
解説 with ~ 「~のついた」

7 up
解説 hurry up 「急ぐ」

8 out
解説 get out 「出ていく」

⑨私は世界中を旅行した。
  I traveled all (　　) the world.

⑩テレビを消しなさい。
  Turn (　　) the TV.

　[about, by, down, for, of, off, out, over, up, with]

5　日本語・英語または番号で答えてください。

① eggplant とは，どんな野菜？

② 「イギリス」を表す，England 以外の単語は？

③ big の反意語は small。では heavy の反意語は？

④ 『マザーグース』に出てくる Humpty Dumpty とは，何のこと？

⑤ 「明日」"トゥモロウ"を英語で書くと？

9 over
解説 all over the world「世界中」

10 off
解説 turn off ~「~のスイッチを切る」

1 ナス
解説 卵の形に似ていることから。

2 Britain
解説 the United Kingdom とも言います。

3 light
解説 light には「軽い」「明るい」などの意味があります。

4 卵
解説『マザーグース』(*Mother Goose*) はイギリスの童謡 (nursery rhyme) で、その奇抜なナンセンスさは日本でも有名。

5 tomorrow
解説「きのう」は yesterday,「今日」は today。

Part 1 これだけは絶対に知っておきたい！

6 banana, pineapple, tomato, potato のうち，最初を強く読むのは？

7 「ガソリンスタンド」を英語で言うと？

8 「鍵は引き出しの中にあります」を英語に直すと？
　① The key is in the drawer.
　② There is a key in the drawer.
　③ There is the key in the drawer.

9 「窓を全部閉めてください」を英語に直すと？
　① Close all windows, please.
　② Close all the windows, please.
　③ Close all of windows, please.

10 I've lost the key. と言うとき，その鍵の行方は？
　①まだ見つかっていない。
　②もう見つかった。
　③どちらの場合もありうる。

6 pineapple
解説 pineapple 以外は真ん中を強く読みます。

7 gas station "ギャス・ステイション"
解説 filling [service] station とも言います。

8 ①
解説 ②は「引き出しの中に鍵が1つあります」で、日本語の意味とは違います。③は文法的に誤り。There is the ~. という形はありません。

9 ②
解説 閉めてほしいのは特定の窓だから、windows の前に the が必要。all windows と言えば「世の中の全部の窓」の意味になります。

10 ①
解説 I've（= I have）lost は現在完了形。「鍵をなくした」ことの結果が現在に及んでいる、つまり「私は鍵をなくして困っている」という意味を表しています。

Part 1 これだけは絶対に知っておきたい！

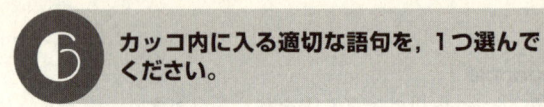

6 カッコ内に入る適切な語句を，1つ選んでください。

1 見ろ！ ＵＦＯが飛んでるぞ！
( )! A UFO is flying!
① Look   ② Look at   ③ Looking

2 彼らはテレビを見ています。
They are watching ( ).
① TV   ② a TV   ③ the TV

3 はじめまして。
( ) to meet you.
① Happy   ② Nice   ③ Welcome

4 私の質問に答えなさい。
( ) my question.
① Answer   ② Answer to   ③ Answer for

5 それについては何も知りません。
I don't know ( ) about it.
① something   ② anything   ③ everything

6 タバコをすってもかまいませんか。
Do you ( ) if I smoke?
① think   ② mind   ③ say

1 ①
解説 命令文。look at の後には（代）名詞が必要。

2 ①
解説 「テレビを見る」は watch TV。a や the はつけません。

3 ②
解説 決まり文句。

4 ①
解説 answer は「〜に答える」の意味で，前置詞は不要。

5 ②
解説 not + any = no「少しも〜ない」。everything だと「私はすべてを知っているわけではない」の意味になります。

6 ②
解説 Do you mind if 〜?「〜してもかまいませんか」

7 私は歴史に興味があります。
I'm ( ) in history.
① interest ② interesting ③ interested

8 私たちはホテルに着いた。
We ( ) the hotel.
① arrived ② got ③ reached

9 住所を教えてください。
Let me ( ) your address.
① know ② to know ③ knowing

10 朝からずっと忙しい。
I've been busy ( ) morning.
① till ② from ③ since

---

7 日本語・英語または番号で答えてください。

1 coral reef を日本語に直すと？

2 「スイカ」を英語で言うと？

7 ③
解説 be interested in ～「～に興味がある」

8 ③
解説 arrive at ～ = get to ～ = reach「～に着く」

9 ①
解説 ⟨let + 人 + 動詞の原形⟩=「(人) に～させる」

10 ③
解説 since「～以来」は，現在完了形⟨have + 過去分詞⟩と一緒に使います。

1 サンゴ礁
解説 世界最大のサンゴ礁は，オーストラリアの Great Barrier Reef。

2 watermelon
解説 発音は"ウォータメロン"あるいは"ワタメロン"。最初を強く読みます。

Part 1　これだけは絶対に知っておきたい！　27

3 「5月3日」の発音をカタカナで書くと？

4 "It's been a long time." を日本語に直すと？

5 「風邪を引く」は catch cold。では「私はきのう風邪を引いた」を英語に直すと？

6 party, girl, world, nurse のうち，下線部の発音が他と違うのは？

7 「私は英語を話せません」を，4語の英語で言うと？

8 「駅で友人（の1人）に会いました」の英訳として最も自然なのは？
① I met friend at the station.
② I met a friend at the station.
③ I met my friend at the station.

3 メイ・サード

解説 May 3「5月3日」の「3」は third と読みます。

4 「久しぶりですね」

解説 It's〔It has〕been a long time since we met last.「私たちが最後に会って以来ずいぶんになります」ということ。

5 I caught cold yesterday.

解説 catch の過去形は caught "コート"。

6 party

解説 party はの ar は，口を大きく開けて "アー" と読みます。ほかの下線部は，あまり口を開けずに "アー" と読みます。

7 I can't speak English.

解説 こう言うと，「ちゃんと話せるじゃないか」という答えが返ってきそうですが…。

8 ②

解説 friend は数えられる名詞なので，無冠詞単数形では使えません。my friend は特定の友人をさすのがふつうです。a friend は「友人の1人」の意味で，これが正解。

9「山田氏は父の古い友人（の1人）です」の英訳として最も自然なのは？
① Mr. Yamada is my father's old friend.
② Mr. Yamada is an old friend of my father.
③ Mr. Yamada is an old friend of my father's.

10 You don't have to take the exam. を日本語に直すと？
①君はその試験は受けなくてもよい。
②君はその試験を受けてはいけない。
③君はその試験には受からないだろう。

8 日本語・英語または番号で答えてください。

1 French fries とは，どんな食べ物？

2「あさって」を英語で言うと？

3 natural resources を日本語に直すと？

4 15,000,000の読み方を英語で書くと？

9 ③
解説▶「私[トム]の友人の1人」を a friend of mine [Tom's] と言うのと同じ理屈です。①は,前問と同様に「特定の友人」の意味になります。

---

10 ①
解説▶ don't have to ~「~する必要はない」

---

1 フライドポテト
解説▶イギリス流に言えば potato chips。

---

2 the day after tomorrow
解説▶「おととい」は the day before yesterday。

---

3 天然資源
解説▶ resources はふつう複数形にします。

---

4 fifteen million
解説▶ million は「100万」。

5 "Trick or treat?" とは，何の日に言う言葉？

6 "ウェンズデイ"「水曜日」のつづりは，全部で何文字？

7「2杯のお茶」を英語で言うと？
① two cup of tea
② two cups of tea
③ two cup of teas
④ two cups of teas

8「コケコッコー」は英語で "コッカドゥードゥルドゥー (cock-a-doodle-doo)"。では「ワンワン」は？

9 I asked him to help me. を日本語に直すと？
①私は手伝ってくれますかと彼にたずねた。
②私は手伝ってくれと彼に頼んだ。
③私は彼に頼んで手伝ってもらった。

10「チケットは何枚買いましたか」を英語に直すと？
① How many did you buy the tickets?
② How many tickets did you buy?
③ How did you buy the many ticket?

5 ハロウィーン
解説 意味は「お菓子をくれないといたずらするぞ」。

6 9文字
解説 Wednesday です。

7 ②
解説 tea は（一定の形がないので）数えられません。cup の方を数えます。

8 "バウワウ (bowwow)"
解説 猫の鳴き声は "ミュー (mew)"。

9 ②
解説 この ask は「頼む」の意味。この文からは、彼が実際に手伝ってくれたかどうかはわかりません。

10 ②
解説 「いくつの○○」と数字をたずねるときは、〈How many +○○〜?〉のように言います。

Part 1 これだけは絶対に知っておきたい！ | 33

9 カッコ内に適切な単語を1つずつ入れて，英文を完成してください。

1 このカメラはおいくらですか。
( ) ( ) is this camera?

2 今何時ですか。
( ) ( ) is it now?

3 こわがるな。
Don't ( ) afraid.

4 私の言うことを聞きなさい。
Listen ( ) me.

5 ぼくは弁護士になりたい。
I ( ) ( ) be a lawyer.

6 水を持って来ましょうか。
( ) I bring some water?

7 私は東京生まれです。
I was ( ) in Tokyo.

8 私は車の運転のしかたを知りません。
I don't know ( ) to drive a car.

1 How much
解説 物の値段は How much でたずねます。

2 What time
解説 時刻は What time でたずねます。

3 be
解説 〈Don't +動詞の原形〉=「～するな」

4 to
解説 listen to ～「～を聞く」

5 want to
解説 want to 不定詞「～したい」

6 Shall
解説 Shall I ～?「～しましょうか」

7 born
解説 be born「生まれる」

8 how
解説 how to 不定詞「～のしかた」

9 よく聞こえなかったのですが（もう１度言ってください）。
( )?

10 今日は何曜日ですか。
What day of the ( ) is it today?

10 日本語・英語または番号で答えてください。

1 amusement park を日本語に直すと？

2「映画館」を英語に直すと？

3「鉛筆」は pencil。では「消しゴム」は？

4 vending machine を日本語に直すと？

5 apple, mother, cut, money のうち，下線部の発音が他と違うのは？

9 Pardon
解説 Beg your pardon? とも言います。pardon は「許し」のこと。

10 week
解説「今日は週のどの日ですか」

1 遊園地
解説 イギリスで amusement arcade と言えば，game center のこと。

2 movie theater
解説 motion-picture theater, cinema とも言います。

3 eraser
解説 erase with an eraser は「消しゴムで消す」。

4 自動販売機
解説 vendor とも言います。

5 apple
解説 apple の a は cat の a と同じ音。

6 The woman who loves Jack is Betty. の表す内容は？
　①ジャックがベティを愛している。
　②ベティがジャックを愛している。
　③ジャックとベティは愛し合っている。

---

7 店員がお客に言う「いらっしゃいませ」に当たる英語は？
　① Can I help you?
　② May I ask you a favor?
　③ How are things going?

---

8 A number of people died. を日本語に直すと？
　①死んだ人の数。　　　　　②多くの人が死んだ。
　③死んだのは1人だ。

---

9 I have little money. を日本語に直すと？
　①私は小銭しか持っていない。
　②私は少しお金を持っている。
　③私はほとんどお金を持っていない。

---

10 My weight is 60 kilograms. My wife is not as heavy as I. と言えば，妻の体重は？
　①60キロ未満　　　　　　　②60キロ以上
　③60キロより重いか軽いかのどちらか

6 ②

解説 直訳は「ジャックを愛している女性はベティです」。

---

7 ①

解説 ②は「お願いがあるのですが」、③は「ごきげんいかがですか」の意味。

---

8 ②

解説 a number of ～「たくさんの～」

---

9 ③

解説 little には「ほとんど～ない」の意味があります。

---

10 ①

解説 as ～ as…は「…と同じくらい～」の意味ですが、not をつけると「…ほど～ではない」の意味になります。

Part 2

中学程度の基本の基本!

TOEICスコア
300〜400点レベル

1 日本語・英語または番号で答えてください。

1 Italy, Germany, Swiss, Greece のうち，国名でないものは？

....

2 million は「100万」。では，billion は？

....

3「カレンダー」の正しいつづりは，calendar, calender, carendar, carender のうちどれ？

....

4 snowball fight を日本語に直すと？

....

5「列車を乗り換える」を英語に直すと？
① change train   ② change trains
③ change the train

....

6「甘い」は sweet,「すっぱい」は sour。では「辛い」は？

....

7「3分の2」を英語に直すと？
① three to two   ② three seconds
③ two-thirds   ④ second three

....

42

1 Swiss
解説 Swiss は「スイス人」。国名の「スイス」は Switzerland。

2 10億
解説 1,000,000,000の場合，3つのカンマの桁は左から billion・million・thousand です。

3 calendar
解説 発音は"キャレンダ"。最初を強く読みます。

4 雪合戦
解説 「雪だるま」は snowman。

5 ②
解説 「乗り換える」には2つの列車が必要なので，trains と複数形にします。shake hands「握手する」も同様。

6 hot [spicy]
解説 「塩辛い」は salty。

7 ③
解説 「6分の5」なら five-sixths となります。

8「流れ星」を英語に直すと？
① a falling star　　② a moving star
③ a shooting star

9「シャツを着る」は put on a shirt。では「シャツを着ている」は？

10「ケーキを1ついかがですか」を英語に直すと？
① Which cake would you like?
② How about a piece of cake?
③ How do you like the cake?

2　カッコ内に適切な単語を入れてください。

1 この家には部屋が8つあります。
This house (h　) eight rooms.

2 彼の身長は180cmです。
He is 180 centimeters (t　).

3 私はついさっき昼食を食べました。
I ate lunch just a while (a　).

8 ③
解説 「星が流れた」は A star shot.。

9 wear a shirt
解説 「メガネをかける[かけている]」は put on [wear] (one's) glasses。

10 ②
解説 ①は「どちらのケーキがいいですか」,③は「そのケーキの味はいかがですか」の意味。

1 has
解説 英語では「この家は8つの部屋を持っています」と言います。

2 tall
解説 He is forty years old.「彼は40歳です」などと似た言い方。

3 ago
解説 a while ago「少し前に」

4 私は中古車を買いたい。
I want to buy a (u   ) car.

5 こんな難しい問題は解けないよ。
I can't solve (s   ) a difficult problem.

6 全然わかりません。
I have no (i   ).

7 雨が降り出した。
It (b   ) to rain.

8 私はメガネを1つ買った。
I bought a (p   ) of glasses.

9 戦争のない世界に住みたい。
I want to live in a world (w   ) war.

10 この部屋は海に面しています。
This room (f   ) the sea.

3 日本語・英語または番号で答えてください。

1 「株式市場」を英語で言うと？

4 used
解説 used car「使われた車＝中古車」

5 such
解説 such「こんな［これほど］〜」

6 idea
解説 have no idea「わからない，知らない」

7 began
解説 begin to 不定詞「〜し始める」

8 pair
解説 対になった部分からなるものは，a pair of 〜で数えます。

9 without
解説 without 〜「〜のない」

10 faces
解説 face 動「〜に面する」

1 stock market
解説「株」は share とも言います。

Part 2 中学程度の基本の基本！

2 sliced raw fish とは何のこと？

3「北朝鮮」を英語で言うと？

4 tooth「歯」の複数形は？

5 the Big Apple の異名を持つ都市は？

6 日焼け止めなどの「UVカット」。UVとは何の略？

7 piano, violin, guitar, trumpet のうち，最初を強く読むのは？

8 the Civil War とは，どこの国で起きた戦争？

9「はい，どうぞ」と相手に物を差し出すときの決まり文句は？
① That's it. ② Same here. ③ Here you are.

48

2 刺身
解説 「薄切りにした生の魚」が直訳。

3 North Korea
解説 Korea の形容詞は Korean。

4 teeth
解説 「歯ブラシ」は toothbrush。

5 ニューヨーク
解説 the Big Apple は「最重要事項」の意味でも使います。

6 ultraviolet
解説 ＵＶとは，ultraviolet rays「紫外線」のこと。

7 trumpet
解説 "ピアノ" "ヴァイオリン" "ギター" "トランペット" のように，下線の部分を強く読みます。

8 アメリカ合衆国
解説 the Civil War「南北戦争」

9 ③
解説 Here it is. とも言います。
①は「その通りだ」，②は「私にも同じものをください」の意味。

10 「それはどういう意味ですか」を英語に直すと？
① What is that meaning?
② What is your meaning of that?
③ What do you mean by that?

4 カッコ内に入る適切な語句を，1つ選んでください。

1 I was (　　) at the news.
① surprise　　　　② surprising
③ surprised　　　 ④ to surprise

2 He (　　) TV now.
① watch　　　　　② watches
③ watching　　　 ④ is watching

3 This house (　　) in 2002.
① built　　　　　　② was built
③ has built　　　 ④ was building

4 The language (　　) in Australia is English.
① speaks　　　　　② speaking
③ spoken　　　　　④ to speak

10 ③
解説▶直訳は「あなたはそれによって何を意味しますか」。

1 ③
解説▶「私はその知らせに驚いた」

2 ④
解説▶「彼は今テレビを見ています」

3 ②
解説▶「この家は2002年に建てられました」

4 ③
解説▶「オーストラリアで話されている言葉は英語です」

5 One of the two bags is made in Japan, and (　) is made in China.
① other　　　　　　② another
③ the other　　　　 ④ the another

6 The boy's dream (　) become a doctor.
① is　　② to　　③ is to　　④ to is

7 Thank you (　) the New Year's card.
① for　　② to　　③ by　　④ with

8 I (　) a shower when he telephoned me.
① take　　　　　　② will take
③ have taken　　　④ was taking

9 My memory is not as good as (　).
① he　　② his　　③ him　　④ he's

10 I will go to the concert (　).
① next Friday　　　　② the next Friday
③ on next Friday　　 ④ on the next Friday

5 日本語・英語または番号で答えてください。

1 I'm tone-deaf. を日本語に直すと？

5 ③
解説「その2つのバッグのうち一方は日本製，もう一方は中国製です」

6 ③
解説「その男の子の夢は，医者になることだ」

7 ①
解説「年賀状をありがとう」

8 ④
解説「彼が電話してきたとき，私はシャワーを浴びていた」

9 ②
解説「私の記憶力は彼の記憶力ほどよくありません」

10 ①
解説「今度の金曜日にコンサートに行きます」

1 私は音痴です。
解説 tone は「音調」，deaf は「耳が聞こえない」。

2 I got full marks in the (　　). のカッコ内に入る，t で始まる単語は？

3「生クリーム」は fresh cream。では，「生ビール」を英語で言うと？

4 カッコ内から適切な語句を1つ選んでください。
The book (read, reading, to read) most in the world is the Bible.

5「子猫」は kitten。では「子犬」を表す p で始まる単語は？

6 nuclear power station を日本語に直すと？

7「先進国」は advanced nation。では「発展途上国」を英語で言うと？

8 He ate <u>three</u> hamburgers. の下線部をたずねる疑問文は？

9 電話で「京子さんをお願いします」を英語に直すと？
① Will you take Kyoko on the phone, please?
② I'm going to talk to Kyoko, please.
③ May I speak to Kyoko, please?

2 test
解説▶「私はテストで満点を取った」

3 draft beer
解説▶イギリス流のつづりでは draught beer。

4 read
解説▶この read は過去分詞。文意は「世界で最もよく読まれている本は、聖書です」。

5 puppy
解説▶「子牛」は calf,「子馬」は colt。

6 原子力発電所
解説▶ nuclear power plant とも言います。

7 advancing [developing] nation
解説▶ advanced は「発達（が完了）した」, advancing は「発達しつつある」。

8 How many hamburgers did he eat?
解説▶「彼はいくつのハンバーガーを食べましたか」

9 ③
解説▶ May I speak to ～?「～さんを（電話に）お願いします」

Part 2　中学程度の基本の基本！　55

10 電話で「番号をお間違えですよ」を英語に直すと？
① I'm afraid you've got the wrong number.
② I'm afraid you have been mistaken.
③ I hope you will call another number.

6 日本語・英語または番号で答えてください。

1 haunted house とは，どんな家？

2 psychology を日本語に直すと？

3「陸軍」は "アーミー（army）"，「空軍」は "エア・フォース（air force）"。では「海軍」を英語で言うと？

4 sewing machine を日本語に直すと？

5 invent「発明する」の名詞は invention「発明」。では，discover「発見する」の名詞は？

6「私は行かねばならない」は I must go.。では，「私は行かねばならなかった」は？

10 ①
解説 I got on the wrong train. は「乗る電車を間違えた」。

1 お化け[幽霊]屋敷
解説 haunt "ホーント" は「〜にとりつく」の意味。

2 心理学
解説 発音は "サイカロジー"。

3 "ネイビー (navy)"
解説 army は「軍隊一般」の意味でも使います。

4 ミシン
解説「ミシン」は machine がなまったもの。

5 discovery「発見」
解説 recover「回復する」⇒ recovery「回復」なども同様。

6 I had to go.
解説 must には過去形がないので，have to「〜せねばならない」を過去形にして had to で表します。

7 He was fired. と言えば，彼はどうした？
① 火事にあった。　② 激怒した。　③ くびになった。

8 boat, ball, cold, snow のうち，下線部の発音が他と違うのは？

9 遠くへ引っ越す人に言う言葉として適切なのは？
① See you later.　② Long time no see.
③ I'll miss you.

10 「このメガネは度が強い」を英語に直すと？
① This glass is strong.
② This glasses is strong.
③ These glasses are strong.

7 カッコ内から適切な語句を選んでください。

1 雨がやむまで待とう。
Let's wait（when, after, till）the rain stops.

2 私たちは大いに飲んだ。
We drank（lot, a lot, a lot of）.

7 ③
解説 fire には「解雇する」の意味があります。

8 ball
解説 順に"バウト""ボール""コウルド""スノウ"。

9 ③
解説 I'll miss you. は「あなたがいなくてさびしくなります」の意味。

10 ③
解説 glasses「メガネ」, shoes「靴」, trousers「ズボン」など対になる部分からなるものは、ふつう複数形で表します。

1 till
解説 till [until] ~「~まで」

2 a lot
解説 a lot = much。a lot of の後ろには名詞が必要。

3 球場へ行く道を教えていただけますか。
Could you (tell, teach, take) me the way to the ball park?

4 うちの息子の担任は田中先生です。
My son is in (Mr., Dr., Teacher) Tanaka's class.

5 車を貸してくれませんか。
Will you (lend, borrow, give) me your car?

6 トイレはどちらですか。(一般家庭で)
Where is the (toilet, bathroom, rest room)?

7 月曜の夜は空いています。
I'm free (in, on, at) Monday night.

8 まだ仕事が終わっていません。
I haven't finished my job (already, yet, still).

9 私は持ち家に住んでいます。
I live in my (self, having, own) house.

3 tell
解説 teach は勉強などを教えるときに使います。

---

4 Mr.
解説 日本語につられて Teacher Tanaka と言わないように。

---

5 lend
解説「貸す」は lend,「借りる」は borrow。give だと「車をくれませんか」の意味。

---

6 bathroom
解説「(一般家庭の) トイレ」はふつう bathroom と言います。toilet は「便器 (toilet bowl)」または「公衆トイレ」を指すのがふつう。rest room は「(レストランや劇場などの) トイレ」のこと。

---

7 on
解説「夜に」は at night ですが, 特定の日のときは on を使います。

---

8 yet
解説 not ~ yet で「まだ~ない」の意味。

---

9 own
解説 own は「自分自身の」。

10 暗くなってきました。
　It's (coming, getting, changing) dark

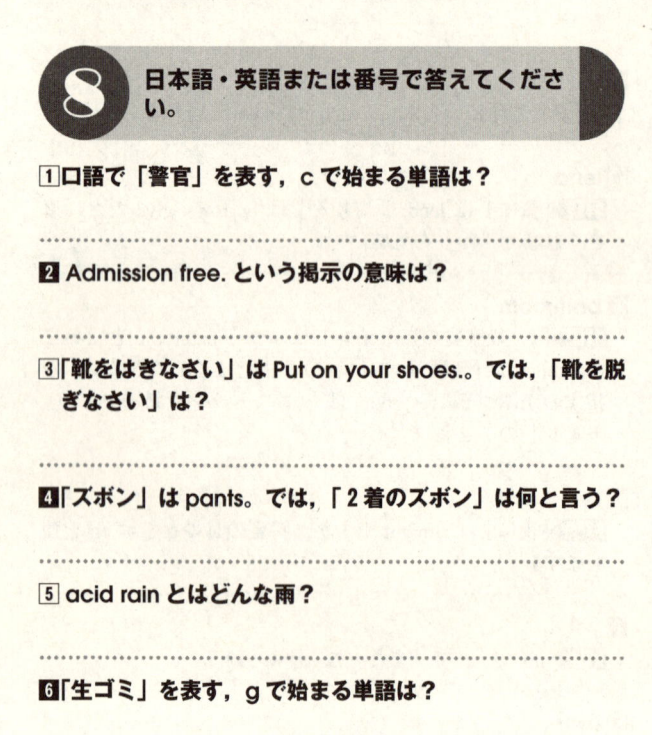

8 日本語・英語または番号で答えてください。

1 口語で「警官」を表す，cで始まる単語は？

2 Admission free. という掲示の意味は？

3 「靴をはきなさい」は Put on your shoes.。では，「靴を脱ぎなさい」は？

4 「ズボン」は pants。では，「2着のズボン」は何と言う？

5 acid rain とはどんな雨？

6 「生ゴミ」を表す，gで始まる単語は？

10 getting
解説 get には「～になる (become)」の意味があります。

1 cop
解説 play cops and robbers は「警官と泥棒ごっこをする」。

2 入場無料
解説「無料の切符」は free ticket。

3 Take off your shoes.
解説 Put off your shoes. と言わないように。put off ～は「～を延期する」の意味。

4 two pairs of pants
解説「1着のズボン」は a pair of pants。

5 酸性雨
解説 acid には「すっぱい (sour)」の意味もあります。

6 garbage
解説「ゴミ」を表す単語には，ほかに trash, rubbish, litter, dust, junk などがあります。

7 奥さんに Microwave this. と言われて品物を手渡されました。どこへ持っていきますか？

....

8 lose, rose, soup, balloon のうち，下線部の発音がほかと違うのは？

....

9 "Do you mind if I smoke?"「タバコをすってもかまいませんか」とたずねられて，「ええ，いいですよ」と答える言い方は？
① Yes, you do.　② Yes, I will.　③ No, not at all.

....

10「私は息子にグローブを買ってやった」を英語に直すと？
① I bought my son a glove.
② I bought my son for a glove.
③ I bought a glove to my son.

9　カッコ内に適切な数字（整数）を入れてください。

1 An hour has (　　) minutes.

....

2 There are (　　) months in a year.

....

7 電子レンジ [台所]
解説「電子レンジ」は英語で microwave range。Microwave this. は「これをレンジでチンして」の意味。

---

8 rose
解説 順に"ルーズ""ロウズ""スープ""バルーン"。

---

9 ③
解説 mind は「気にする，嫌がる」の意味なので，「いいえ，気にしません」の意味になるよう否定の形で答えます。

---

10 ①
解説「(人) に (物) を買ってやる」は，〈buy + 人 + 物〉または〈buy + 物 + for + 人〉と言います。

---

1 60
解説「1時間は60分です」

---

2 12
解説「1年は12カ月です」

Part 2 中学程度の基本の基本！

3 A quarter of twenty is (   ).

4 Three times five is (   ).

5 One third of 9 is (   ).

6 The square of 4 is (   ).

7 My score was thirty out of fifty, or (   ) percent.

8 Six feet is about (   ) centimeters.

9 100 miles are about (   ) kilometers.

10 A dime is a coin worth (   ) cents.

3 5
解説「20の4分の1は5です」

4 15
解説「3×5は15です」

5 3
解説「9の3分の1は3です」

6 16
解説「4の2乗は16です」

7 60
解説「私の得点は50点中の30点、つまり60%でした」

8 180
解説「6フィートはおよそ180cmです」
厳密には1フィートは30.48cmで、6フィートは182.88cm。したがって「183」でも正解です。

9 160
解説「100マイルはおよそ160kmです」

10 10
解説「ダイムは10セントの価値を持つ硬貨です」

10 日本語・英語または番号で答えてください。

1 mom は「お母さん」，dad は「お父さん」。では，granny は？

2 prime minister を日本語に直すと？

3 空港で渡航目的をたずねられて「観光旅行です」と答えたいとき，1語の英語で何と言う？

4 traffic jam を日本語に直すと？

5 of course は「もちろん」。では，by the way の意味は？

6 ITのTは technology。では，Iは？
① industry ② information
③ international ④ internet

7 I've got a hangover. と言っている人は，ゆうべ何をした？

8 liked, loved, watched, kissed のうち，下線部の発音がほかと違うのは？

1 おばあちゃん
解説 grandmother のこと。nanny とも言います。

2 総理大臣
解説「大統領」は president。

3 "Sightseeing."
解説 see［do］the sights of ～は「～を見物する」。

4 交通渋滞
解説 動詞の jam は「押し込める」の意味。

5 ところで
解説「ところで」を1語で言うと incidentally。

6 ②
解説 ＩＴは「情報工学」。

7 酒を飲んだ
解説 hangover は「二日酔い」。

8 loved
解説 順に"ライクト""ラブド""ウォッチト""キスト"。

9 Let's have a break. を日本語に直すと？
　①派手にやろう。　　②自重しよう。　　③休憩しよう。

10「このスープはおいしい」を英語に直すと？
　① This soup taste is good.
　② This soup tastes good.
　③ This soup is good taste.

9 ③

解説 coffee break「コーヒー・ブレイク」と同じ使い方。

10 ②

解説 ②の taste は「～の味がする」という意味の動詞。taste を名詞として使えば，The taste of this soup is good. となります。

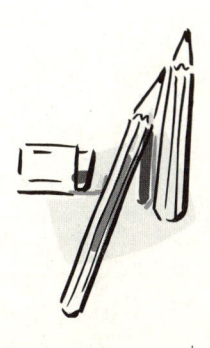

Part 3

英語の基礎はマスター！

TOEICスコア
401〜500点レベル

1 日本語・英語または番号で答えてください。

1 lawn mower を日本語に直すと？

2 イギリス英語では petrol。これをアメリカ英語に直すと？

3 CDは compact disk。では，DVDは何の略？

4 「生物学」は biology。では，「生物工学」を英語で言うと？

5 「大西洋」は the Atlantic Ocean。では，「太平洋」を英語で言うと？

6 「市役所」を英語で言うと？

7 aquarium「水族館」の発音をカタカナで書くと？

1 芝刈り機
解説 単に mower とも言います。

2 gasoline
解説 英米で違う単語を使う例。ほかにも，たとえば elevator《米》と lift《英》など。

3 digital video disk
解説 disk は disc ともつづります。

4 biotechnology
解説 biochemistry は「生化学」。

5 the Pacific Ocean
解説 米国で the Pacific States と言えば，太平洋沿岸の Washington, Oregon, California の3州のこと。

6 city hall [office]
解説 municipal「市の」という単語を使って，municipal office とも言います。

7 アクエアリアム（またはアクエイリアム）
解説 「アクアリウム」ではありません。

8 Fill out this form, please. を日本語に直すと？
　①この形式を守ってください。
　②この図を拡大してください。
　③この用紙に記入してください。

9「これが先日買った携帯電話です」を英語に直すと？
　① This is I bought the cellular phone the other day.
　② This is the cellular phone I bought the other day.
　③ I bought this is the cellular phone the other day.

10「私は明日日本を発ちます」の英訳として正しいものを，あるだけ選んでください。
　① I leave Japan tomorrow.
　② I'll leave Japan tomorrow.
　③ I'm leaving Japan tomorrow.

② カッコ内に入る適切な語句を，1つ選んでください。

1 私は興奮した人々に取り囲まれた。
　I was surrounded by the （　　） people.
　① excite　② excited　③ exciting

---

2 海へ泳ぎに行こう。
　Let's go （　　） in the sea.
　① swimming　② to swim　③ to swimming

8 ③

解説 この form は「用紙」の意味。fill out [in] は「(用紙などに) 記入する」。

---

9 ②

解説 the cellular phone (that) I bought「私が買った携帯電話」

---

10 ①②③

解説 これらは全部正しい言い方。①は確定した未来，③は近い未来の予定を表します。

---

1 ②

解説 excite は「(人を) 興奮させる」という意味の動詞。「興奮させられた人々」と考えて，受動態を使います。

---

2 ①

解説 go ～ing「～しに行く」

③このスープを飲んだら気分が悪くなった。
This soup ( ) me sick.
① went   ② made   ③ changed

④あの人にはどこかで会った覚えがある。
I remember ( ) that man somewhere.
① seen   ② seeing   ③ to see

⑤忘れずにドアに鍵をかけなさい。
Don't forget ( ) the door.
① lock   ② locking   ③ to lock

⑥時間がほとんど残っていません。
There is little time ( ).
① leaving   ② left   ③ to leave

⑦お席にお着きください。
Please ( ).
① seat   ② be seating   ③ be seated

⑧Zで始まる単語を1つ挙げなさい。
Name one word ( ) with Z.
① begin   ② beginning   ③ to begin

⑨先週の日曜日はテニスをして過ごしました。
I spent last Sunday ( ) tennis.
① playing   ② played   ③ to play

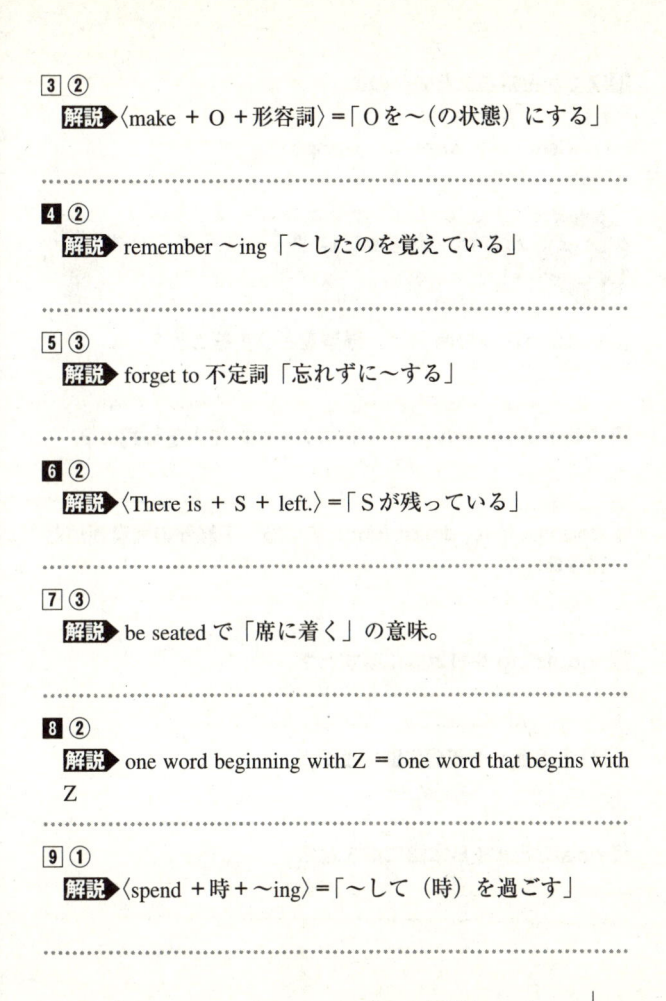

3 ②
解説 〈make + O + 形容詞〉=「Oを〜(の状態)にする」

4 ②
解説 remember 〜ing「〜したのを覚えている」

5 ③
解説 forget to 不定詞「忘れずに〜する」

6 ②
解説 〈There is + S + left.〉=「Sが残っている」

7 ③
解説 be seated で「席に着く」の意味。

8 ②
解説 one word beginning with Z = one word that begins with Z

9 ①
解説 〈spend + 時 + 〜ing〉=「〜して(時)を過ごす」

Part 3　英語の基礎はマスター！

10 ぼくが金持ちならいいのに。
I ( ) I were rich.
① wish ② want ③ hope

3 日本語・英語または番号で答えてください。

1 vacuum a room とは，部屋をどうすること？

2 A minute is sixty (s   ). のカッコ内に入る単語は？

3 country, love, dollar, lunch のうち，下線部の発音が他と違うのは？

4 shoplifting を日本語に直すと？

5「駐車違反」を英語に直すと？

6 power cut を日本語に直すと？

10 ①
解説 I were は仮定法。後ろにこの形を置くのは wish。

1 電気掃除機で掃除する
解説「電気掃除機」は vacuum cleaner。

2 seconds
解説「1分は60秒です」

3 dollar
解説 dollar の o は hot や box の o と同じ音。ほかは cut や run の u と同じ音です。

4 万引き
解説「万引き犯」は shoplifter。

5 illegal parking
解説「駐車場」は parking lot。

6 停電
解説 blackout とも言います。

7 「結婚」は marriage。では「離婚」を英語で言うと？

....

8 ＰＴＡのＰは Parent，Ｔは Teacher。ではＡは？

....

9 「お名前は何とおっしゃいますか」に当たる最も自然な英語は？
  ① What is your name, please?
  ② What shall I call you, please?
  ③ May I have your name, please?

....

10 Keep the change, please. を日本語に直すと？
  ①交替してください。　　　②両替してください。
  ③お釣りはいりません。

---

4 カッコの中に，次（84ページ）から適切な単語を１つずつ選んで入れてください。使うのは１語１回限りです。

1 10分たったら戻ってきます。
  I'll be back (　　) ten minutes.

....

2 デパートへ買い物に行きましょう。
  Let's go shopping (　　) the department store.

....

7 divorce
解説 「結婚する」は marry,「離婚する」は divorce。

8 Association
解説 PTAは Parent-Teacher Association の略。

9 ③
解説 What is your name? はぶしつけな言い方。③がふつうの表現です。

10 ③
解説 change には「小銭, お釣り」の意味があります。

1 in
解説 in ~「今から~たてば」(after は間違い)

2 at
解説 「デパートで買い物をする」から, at が正解 (to は間違い)。

Part 3 英語の基礎はマスター！

3 私は建設会社に勤めています。
I work (for) a construction company.

4 社長の演説は聞き飽きた。
I'm tired (of) the president's speech.

5 駅へはどう行ったらいいですか。
How can I get (to) the station?

6 誰が犬の世話をするのか。
Who will look (after) the dog?

7 私は明治大学を卒業しました。
I graduated (from) Meiji University.

8 3日間休みを取るつもりです。
I'll take three days (off).

9 選手たちは平均25歳です。
The players are 25 years old (on) the average.

10 窓を開けたまま眠ってはいけません。
Don't sleep (with) the windows open.

[after, at, for, from, in, of, off, on, to, with]

3 for
解説 work for a company「会社に勤める」

4 of
解説 be tired of ~「~に飽きる」

5 to
解説 get to ~「~に到着する」

6 after
解説 look after ~「の世話をする」

7 from
解説 graduate from ~「~を卒業する」

8 off
解説 take ~ off「~の休みを取る」

9 on
解説 on the average「平均して」

10 with
解説 with ~「~しながら」

5 日本語・英語または番号で答えてください。

1 辞書の名前にもなっている「ジーニアス (genius)」の意味は？

2 辞書の名前にもなっている「ライトハウス (lighthouse)」の意味は？

3 米国の国旗「星条旗」を英語で言うと？

4 本の「目次」を英語で言うと？
① preface   ② index   ③ contents   ④ context

5 次の定義に相当する，b で始まる単語は？
A large animal that can swim and stand on two legs; lives mainly in the forests; and eats both plants and animals.

6 For here or to go? とは，どんな場所で使われる言葉？

1 天才
解説 『ジーニアス英和辞典』(大修館) は，語法の説明が詳しい辞書。

2 灯台
解説 『ライトハウス英和辞典』(研究社) は，多くの例文が掲載された辞書。

3 (the) Stars and Stripes
解説 star(星) と stripe(縞) の模様から。(the) Star-Spangled Banner とも言います。spangle は「スパンコール(をつける)」の意味で，直訳は「星をちりばめた旗」。

4 ③
解説 順に「序文」「索引」「目次」「文脈」。

5 bear「クマ」
解説 「泳いだり2本足で立ったりでき，主に森の中に住み，植物も動物も食べる大きな動物」

6 ファーストフード店 (ハンバーガーショップなど)
解説 「こちらでお召し上がりですか，お持ち帰りですか」の意味。

7 He hardly works. と言えば,彼はどんな人?
① 勤勉な人　② 怠け者　③ 忙しい人

8 On sale. は「販売中」。では「売り切れ」を2語で言うと?

9 vitamin, calendar, uniform, career のうち,最初を強く読まないのは?

10「私は日曜日にはたいてい釣りに行きます」を英語に直すと?
① I usually go fishing in Sunday.
② I usually go fishing on Sunday.
③ I usually go fishing on Sundays.

6 カッコ内に入る適切な語句を,1つ選んでください。

1 どうしたのですか。
What's the (　　) with you?
① bad　② matter　③ point　④ change

2 傘をなくしたので,買わなくちゃ。
I lost my umbrella, so I have to buy (　　).
① it　② that　③ one　④ this

88

7 ②

解説 He hardly works. は「彼はほとんど働かない」。

8 Sold out.

解説「その本は売り切れです」は The book is sold out.。

9 career

解説 career は「カ_リ_ア」と「リ」の部分を強く読みます。

10 ③

解説 1回ではなく複数回の日曜日を指すので，Sundays と複数形にします。

1 ②

解説 What's the matter with 〜?「〜はどうかしたのか」

2 ③

解説 one = an umbrella

③このワインの方がずっとおいしい。
This wine is ( ) better.
① very ② much ③ more ④ too

---

④彼はほとんどミスをしなかった。
He made ( ) mistakes.
① little ② a little ③ few ④ a few

---

⑤彼の言ったことを覚えていますか。
Do you remember ( ) he said?
① that ② what ③ how ④ thing

---

⑥どちらの日でもかまいません。
Either day will ( ).
① do ② come ③ go ④ OK

---

⑦この仕事は昼前に終えなさい。
Get this job ( ) before noon.
① finish ② finished ③ finishing ④ to finish

---

⑧私が戻ってくるまでに宿題を終えておきなさい。
Finish your homework before I ( ) back.
① come ② came ③ will come ④ coming

---

⑨私は東京に住んで10年になります。
I ( ) in Tokyo for ten years.
① live ② am living ③ have lived ④ lived

3 ②
解説 〈much ＋比較級〉=「はるかに〜」

4 ③
解説 数えられる名詞について「ほとんどない」と言うときは，few を使います。

5 ②
解説 what は関係代名詞で，the thing(s) which の意味。

6 ①
解説 will do は「間に合う，役に立つ」の意味。

7 ②
解説 〈get ＋ O ＋過去分詞〉は「O を〜の状態にする」。ここでは「仕事を終えられた状態にする」の意味。

8 ①
解説 before や after の後では，未来のことも現在形で表します。

9 ③
解説 「10年間ずっと東京に住んでいる」という意味の現在完了形。

10 奈良へ来たのはこれが初めてです。

This is the first time I ( ) Nara.

① visit ② am visiting ③ have visited ④ will visit

7 日本語・英語または番号で答えてください。

1 「上野駅」を英語に直すと？
① Ueno Station ② the Ueno Station
③ Station Ueno

---

2 public lottery を日本語に直すと？

---

3 「I have loose bowels. ＝私は（　　）をしている」のカッコ内に入る言葉は？

---

4 「愛知県」を英語で言うと？

---

5 歴史の教科書に出てくる Crusade とは何？

---

6 mustache, whiskers, beard と言えば，何の種類？

---

10 ③
解説「これが奈良へ来たことのある最初です」と考えて，現在完了形を使います。

1 ①
解説 駅名は Ueno Station のように言い，前に the はつけません。

2 宝くじ
解説「くじを引く」は draw lots。

3 下痢
解説「便秘している」は I am constipated.。

4 Aichi Prefecture "アイチ・プリーフェクチャ"
解説「大阪府」も Osaka Prefecture。

5 十字軍
解説「フォーク・クルセイダーズ」と言えば，中年世代には懐かしいグループ。

6 ひげ
解説 順に「口ひげ」「ほおひげ」「あごひげ」。

Part 3　英語の基礎はマスター！　93

7 Bless you! とは，相手が何をしたときに言う言葉？

8 information「情報」, baggage「荷物」, newspaper「新聞」, furniture「家具」のうち，複数形の s をつけることができるものは？

9 sales, news, bikes, sons のうち，最後の s の発音がほかと違うのは？

10 「この部屋にはエアコンがついています」を英語に直すと？
① This room is air-conditioning.
② This room is air-conditioned.
③ This room is air-conditioner.

8
カッコ内から適切な単語を1つ選んでください。

1 大雪で列車が遅れた。
A (much, big, heavy) snow delayed the train.

7 くしゃみ

解説 God bless you!「神のおめぐみがありますように」。昔，くしゃみをすると魂が体から抜け出してしまうと考えられていたことに由来。ちなみに「ハクション！」は，英語では"アー・ハー・チュー！(Ah-ha-choo!)"と言います。

8 newspaper

解説 ほかの3つは，たとえば two pieces of baggage「2つの荷物」のように表し，それ自体に s をつけることはできません。

9 bikes

解説 順に"セイルズ""ニューズ""バイクス""サンズ"。

10 ②

解説 air-condition は「～に空調設備をつける，～を冷暖房する」の意味。「この部屋は空調設備がつけられている」という受動態で表します。

1 heavy

解説 big は「体積が大きい」という意味。「大雨［雪］」は a heavy rain [snow]，「小雨［雪］」は a light rain [snow] と言います。

Part 3 英語の基礎はマスター！ 95

2 眠い。
I'm (sleeping, sleepy, asleep).

3 このDVDプレーヤーの値段は高すぎる。
The price of this DVD player is too (high, tall, expensive).

4 この列車は各駅停車です。
This is a (local, slowly, usual) train.

5 おばは喫茶店を経営しています。
My aunt (runs, goes, works) a coffee shop.

6 この暑さには我慢できない。
I can't (stop, stay, stand) this heat.

7 食事の前に風呂に入りたい。
I want to (enter, take, catch) a bath before dinner.

8 食卓の片付けを手伝って。
Help me (clear, clean, spread) the table.

9 新聞によれば，台風が来ているそうだ。
The newspaper (says, writes, knows) a typhoon is coming.

2 sleepy
解説「眠い」は sleepy。sleeping や asleep だと、今眠っていることになってしまいます。

3 high
解説 price「値段」が「高い」「安い」というときは、high・low を使います。expensive は「(物が) 高価な」の意味。

4 local
解説 英語の local は「局地的な、地元の」の意味で、日本語の「ローカルな［田舎の］」の意味はありません。

5 runs
解説 run「経営する」

6 stand
解説 stand「我慢する」

7 take
解説 take a bath「入浴する」

8 clear
解説「食卓の準備をする」は、set［lay, spread］the table。

9 says
解説「新聞が…と言っている」と表現します。

10 この仕事をするのに3時間かかりました。
This job (made, took, brought) three hours.

9 日本語・英語または番号で答えてください。

1 the Mediterranean Sea とは，どこの海？

2 コインを投げて「裏か表か？」というとき，「表」は head。では「裏」は？

3 A desert is an area of land covered with (s　　). のカッコ内に入る単語は？

4「車いす」を英語で言うと？

5 the Self-Defense Forces を日本語に直すと？

6 With a little more care, he might have passed the test. と言えば，彼のテストの結果は？
①合格した。　②不合格だった。　③わからない。

10 took
解説 take には「(時間が) かかる」の意味があります。

1 地中海
解説 Medi「中間」+ terra「地」

2 tail
解説 Head or tail? が決まり文句。

3 sand
解説「砂漠は，砂でおおわれた地域です」

4 wheelchair
解説 wheel は「車輪」のこと。

5 自衛隊
解説「防衛庁」は the Defense Agency。

6 ②
解説 文の意味は「もう少し注意していれば，彼はテストに合格したかもしれないのに」。仮定法の一種です。

7 「このスープの味はどうですか」とたずねるときの適切な言い方は？
① How do you taste this soup?
② How do you like this soup?
③ What do you think of this soup?

8 次の定義に相当する，t で始まる単語は？
an object made for a child to play with

9 breakfast, train, apron, eight のうち，下線部の発音がほかと違うのは？

10 「うちの近所で火事がありました」を英語に直すと？
① There was fire near my house.
② There was a fire near my house.
③ There was the fire near my house.

10 単語を適切に並べ替えて，英文を完成してください（文の最初に来る語も小文字で始めてあります）。

1 マージャンをやるのは楽しい。
mahjong, fun, playing, is

2 雨になりそうだ。
it, rain, like, looks

7 ②

解説 ①は「このスープをどうやって味見しますか」, ③の What do you think of 〜? は「〜についてどう思いますか」の意味ですが, ふつうは話を切り出すときに使います。

8 toy「おもちゃ」

解説 「子供が(それを使って)遊ぶために作られたもの」

9 breakfast

解説 breakfast の ea は "エ", ほかの下線部は "エイ" と読みます。

10 ②

解説 fire「火事」は, 数えられる名詞として扱います。There is 〜.「〜がある」の形では, 「〜」の部分には不特定の物や人を置きます。There is the [my] pen on the desk. のような言い方はできません。

1 Playing mahjong is fun.

解説 playing mahjong は「マージャンをすること」。

2 It looks like rain.

解説 決まり文句。

3 自転車を盗まれてしまった。
I, bike, stolen, my, had

4 彼はどんな人ですか。
is, what, like, he,?

5 君に来てほしいんだ。
I, you, come, to, want

6 何をさがしているの。
what, for, you, are, looking,?

7 彼はぼくより2歳年下だ。
he's, than, years, I, two, younger

8 私は彼女に恋をした。
I, her, love, with, in, fell

9 あそこに立っている男の人は誰ですか。
there, who, standing, is, man, the,?

10 テレビをつけたまま勉強するな。
TV, don't, the, on, study, with

③ I had my bike stolen.
解説「自分の持ち物を〜される」と言うときは、〈have [get] + ○○ + 過去分詞〉の形を使います。

④ What is he like?
解説 What is 〜 like?「〜はどのようなもの[人]ですか」

⑤ I want you to come.
解説〈want + 人 + to 不定詞〉=「(人)に〜してもらいたい」

⑥ What are you looking for?
解説 look for 〜「〜をさがす」

⑦ He's two years younger than I.
解説 He's younger than I by two years. とも言います。

⑧ I fell in love with her.
解説 fall in love with 〜「〜に恋をする」

⑨ Who is the man standing there?
解説 standing = that is standing

⑩ Don't study with the TV on.
解説 with the TV on「テレビをつけた状態で」

Part 3 英語の基礎はマスター! 103

Part 4

まだまだ高校生の授業クラス！

TOEICスコア
501～550点レベル

1 カッコ内に適切な単語を入れてください。

1 こわがらなくていいよ。
Don't ( ) afraid.

2 このコーヒーは熱すぎて飲めない。
This coffee is ( ) hot to drink.

3 私はその映画を3回見た。
I saw the movie three ( ).

4 彼のご両親もさぞお喜びでしょう。
His parents ( ) be glad.

5 図書館は休みだった。
The library was ( ).

6 彼は本当にここに来るのだろうか。
I wonder ( ) he'll come here.

7 私のおばは，昔女優でした。
My aunt ( ) to be an actress.

1 be
解説 「～してはいけない」は，〈Don't ＋動詞の原形〉で表します。

2 too
解説 too ～「～すぎる」

3 times
解説 「○回」は，〈数字＋times〉で表します。「2回」は two times または twice。

4 must
解説 must ～「～にちがいない」

5 closed
解説 OPEN, CLOSED と看板によく書いてあります。

6 if
解説 wonder if ～は「～かしらと思う」。この if は「～かどうか」の意味。

7 used
解説 used to 不定詞「以前は～だった」

8 どうしようもない。
I can't ( ) it.

9 このカメラはぼくのとそっくりだ。
This camera is just ( ) mine.

10「ここに座ってもいいですか」「ええ、どうぞご遠慮なく」
"May I sit here?" "Sure. Go ( )."

2 日本語・英語または番号で答えてください。

1 play tag とは、何をして遊ぶこと？

2 20 degrees Centigrade を日本語に直すと？

3 「所得税」を英語で言うと？

4 president は「大統領」。では、ex-president は？

8 help
解説 この help は「避ける」の意味。It can't be helped. とも言います。

9 like
解説 like ~「~のような, ~に似ている」

10 ahead
解説 Go ahead. は「どうぞご遠慮なく」の意味の決まり文句。

1 鬼ごっこ
解説「かくれんぼをする」は play hide-and-seek。

2 摂氏20度
解説「摂氏」は Celsius とも言います。

3 income tax
解説 income「収入」の反意語は expense「支出」。

4 前大統領
解説 ex-boyfriend は「元カレ」。

5 Snow White を日本語に直すと？

6「昆虫」を意味する，i で始まる単語は？

7 I called him. の意味として正しくないのは？
①私は彼を呼んだ。　　　　②私は彼に電話した。
③私は彼を訪ねた。

8「ないものねだりをする＝ cry for the (　　)」のカッコ内に入る単語は？

9 Egypt, Brazil, Korea, Hawaii のうち，最初を強く読むのは？

10「夫は今失業中です」を英語で言うと？
① My husband is losing his job now.
② My husband is out of job now.
③ My husband is off duty now.

3

カッコ内に次(112, 114ページ)から適切な単語を1つずつ選んで入れ，意味の通る語句を作ってください。使うのは1語1回限りです。

1 artificial (　　)

5 白雪姫

解説 *Snow White and the Seven Dwarfs*（『白雪姫と7人の小人』）は，グリム童話集中のお話。

6 insect

解説 「虫」は bug とも言います。

7 ③

解説 「私は彼を訪ねた」は，I called on him.。

8 moon

解説 「月を求めて泣く」の意味。

9 Egypt

解説 順に "イージプト" "ブラジル" "コリーア" "ハワイイ"。

10 ②

解説 ①は「夫は仕事を失いつつある」，③は「夫は非番だ」の意味。

1 ⑩

解説 artificial satellite「人工衛星」

Part 4 まだまだ高校生の授業クラス！ 111

2 blood ( )

3 common ( )

4 entrance ( )

5 environmental ( )

6 natural ( )

7 newspaper ( )

8 public ( )

9 television ( )

10 weather ( )

[① article, ② examination, ③ resources, ④ pollution,

2 ⑧
解説 blood pressure「血圧」

3 ⑥
解説 common sense「常識」

4 ②
解説 entrance examination「入学試験」

5 ④
解説 environmental pollution「環境汚染」

6 ③
解説 natural resources「天然資源」

7 ①
解説 newspaper article「新聞記事」

8 ⑨
解説 public opinion「世論」

9 ⑦
解説 television program「テレビ番組」

10 ⑤
解説 weather forecast「天気予報」

⑤ forecast, ⑥ sense, ⑦ program, ⑧ pressure, ⑨ opinion, ⑩ satellite]

4 日本語・英語または番号で答えてください。

1 dry cell を売っているのは何屋さん？

2 dinosaur「恐竜」の発音をカタカナで書くと？

3 demand「需要」の反意語は？

4 production「生産」の反意語は？

5 land mine を日本語に直すと？

6「雇用主」は employer。では「従業員」は？

1 電気屋
解説 dry cell は「乾電池」。「電池」は battery。

2 ダイナソ（ー）
解説「絶滅」は extinction。

3 supply「供給」
解説 動詞の demand は「要求する」の意味。

4 consumption「消費」
解説 動詞は produce「生産する」⇔ consume「消費する」。

5 地雷
解説「機雷」は underwater mine。

6 employee
解説 たとえば「試験官」は examiner，「受験者」は examinee。

7 車の「ハンドル」は，英語で何と言う？

8 Three multiplied by six is (　　). のカッコ内に入る数字は？

9 wool, cook, hook, mood のうち，oo の発音がほかと違うのは？

10 Please help yourself to the cake. を日本語に直すと？
①ケーキを作るのを手伝ってください。
②ケーキは自分で作ってください。
③ケーキを自由に取って食べてください。

5 カッコ内から適切な語句を1つ選んでください。

1 バスに乗ろう。その方が安いから。
Let's (ride, take, get on) a bus. It's cheaper.

2 君は減量すべきだ。
You should (down, lose, drop) weight.

7 (steering) wheel
解説 wheel には「車輪」の意味もあります。handle は「取っ手」のこと。

8 18
解説 文の意味は「3 × 6 = 18」。

9 mood
解説 mood の oo は「ウー」, ほかは「ウ」です。

10 ③
解説 help oneself to ～「～を自由に取って飲食する」

1 take
解説 ここでは「バスを使う」の意味なので, take が正解。get on は乗り込む動作を表し, ride は馬や自転車などに乗るときに使います。

2 lose
解説 「体重が増える」は gain [put on] weight。

Part 4 まだまだ高校生の授業クラス！

③このステーキはとても固い。
This steak is very (hard, tough, firm).

④それは日本人によくある誤りです。
That's a (major, common, popular) mistake among the Japanese.

⑤彼の代わりに私が1曲歌いましょう。
I'll sing a song in his (place, part, turn).

⑥私の息子は大学院生です。
My son is a (doctor, grade, graduate) student.

⑦その小説は映画化されました。
The novel was made (of, by, into) a movie.

⑧長距離電話をかけたい。
I want to make a long distance (phone, call, receiver).

⑨その店はお客が多い。
The store has a lot of (guest, customers, fans).

⑩ここから動物園までのバス料金はいくらですか。
What is the bus (cost, charge, fare) from here to the zoo?

3 tough
解説 肉が「固い」は tough,「柔らかい」は tender。

4 common
解説 major は「大きな」, popular は「人気のある」, common は「共通の, ありふれた」。

5 place
解説 in ~ 's place「~の代わりに」

6 graduate
解説「大学院」は graduate school。

7 into
解説 into ~ は「~になる」の意味で使います。

8 call
解説「通話」は (tele)phone ではなく call。receiver は「受話器」。

9 customers
解説 お店の「客」は, ふつう customer と言います。

10 fare
解説「(乗り物の) 運賃」は fare。cost は「(あるものを手に入れるための) 費用」を, charge は「(サービス行為に対する) 料金[手数料]」を表します。

6 日本語・英語または番号で答えてください。

1「パーティーを開く＝(　　) a party」のカッコ内に入れられないのは？
① open　② have　③ hold　④ give

2「追い風」は following wind。では,「向かい風」は？

3 blood (　　) のカッコ内に入れても意味をなさない単語は？
① vessel　　　　　② donation
③ transfusion　　④ temptation

4 scarecrow を日本語に直すと？

5 tadpole の親を英語で言うと？

6「防水腕時計」の「防水」を英語で言うと？

7 AIDS「エイズ」のSは, どんな単語の頭文字？

120

1 ①
解説 throw a party とも言います。

---

2 head wind
解説「向かい風に逆らって」は, against the head wind.

---

3 ④
解説 ①「血管」, ②「献血」, ③「輸血」の意味になります。④の temptation は「誘惑」。

---

4 かかし
解説 scare は「驚かす」, crow は「カラス」。つまり「カラスを驚かすもの」。

---

5 frog「かえる」
解説 tadpole は「おたまじゃくし」。

---

6 waterproof
解説「耐火レンガ」は fireproof brick.

---

7 syndrome
解説 AIDSは acquired immune deficiency syndrome「先天性免疫不全症候群」の略。

8 television, computer, elevator, microphone のうち，最初を強く読まないのは？

9 I ate more than three hamburgers. と言えば，私の食べたハンバーガーの数は？
① 3つ以上　② 4つ以上　③ 6つ以上

10 I ate no more than three hamburgers. を日本語に直すと？
①私はハンバーガーを2つまでしか食べなかった。
②私はハンバーガーを3つしか食べなかった。
③私はハンバーガーを3つも食べた。

7 アンダーラインを引いた単語は間違っています。正しい単語に直してください。

1 バスの中に定期券を忘れてしまった。
I <u>forgot</u> my commuter pass in the bus.

2 彼には責任感がない。
He has no <u>feeling</u> of responsibility.

8 computer

解説 computer は u の部分を強く読み、ほかは最初を強く読みます。

9 ②

解説 たとえば more than 5 は「5より多い」で、5は含みません。ただし「100人以上」のような大きい数字のときは、more than 100 people でかまいません。

10 ②

解説 no more than ～は「～しかない (only)」の意味。

1 left

解説 leave は「置き忘れる」。

2 sense

解説 sense of humor「ユーモアのセンス」のようにも使います。

3 あじさいは初夏に咲きます。
Hydrangeas bloom in <u>first</u> summer.

4 トイレをお借りできますか。
May I <u>borrow</u> the bathroom?

5 ちょっと（タバコの）火を貸してください。
May I have a <u>fire</u>?

6 うちの息子はまだ自転車に乗れない。
My son still can't <u>drive</u> a bicycle.

7 ぼくの時計は3分遅れている。
My watch is three minutes <u>late</u>.

8 横浜は日本で2番目に大きな都市です。
Yokohama is the second <u>large</u> city in Japan.

9 梅雨が明けました。
The rainy season is <u>open</u>.

10 ホテルに着いたら電話してください。
Call me <u>if</u> you reach the hotel.

3 early
解説 「早朝に」は early in the morning, in the early morning。

4 use
解説 borrow はふつう「借りて持っていく」ものに使います。

5 light
解説 「(タバコの) 火」は light。

6 ride
解説 自転車や馬に乗るときは ride を使います。

7 slow [behind]
解説 時計が進んでいるときは fast, 遅れているときは slow と言います。

8 largest
解説 「○番目に～だ」は, 〈the ＋序数詞 (second, third, fourth…) ＋最上級〉の形で表します。

9 over
解説 over は「終わって」の意味。

10 when
解説 ホテルに着くのは既定の事実なので, if「もし～ならば」は不自然です。

8 日本語・英語または番号で答えてください。

1 hay fever とは，どんな病気？

2 stray dog とは，どんな犬？

3 「消防署」は fire station。では「消防車」は？

4 It's up to you. とは，どんな意味？
①君が悪い。　②君が一番だ。　③君しだいだ。

5 「BS放送」のBSとは，何の略？

6 fundamental human rights を日本語に直すと？

7 gums, tartar, plaque, cavity とは，何に関する言葉？

126

1 花粉症
解説 「私は花粉アレルギーです」は, I'm allergic to pollen.。

2 野良犬
解説 ownerless dog とも言います。

3 fire engine
解説 「消防士」は fire fighter。

4 ③
解説 It's up to you to decide where to go.「どこへ行くかを決めるのは君しだいだ」のようにも使えます。

5 broadcasting [broadcast] satellite
解説 BSは「放送衛星」。CSは「通信衛星 (communication satellite)」。

6 基本的人権
解説 right「権利」の反意語は duty「義務」。

7 歯
解説 順に「歯ぐき」「歯石」「歯垢」「虫歯」。

8 She's one of the most famous singer in Japan. という文の, 誤っている箇所を訂正してください。

9 「私は近視です」を英語に直すと？
① I have near eyes.
② I'm near-sighted.
③ My eyes have near sight.

10 「マリはタケシと結婚しました」を英語に直すと？
① Mari married Takeshi.
② Mari married with Takeshi.
③ Mari and Takeshi married.

9 カッコ内に適切な単語を入れてください。

1 それはお気の毒に。
That's (t　　) bad.

2 あなたも一緒にどう。
(W　　) don't you join us?

3 そんなつもりじゃなかったんだ。
I didn't (m　　) it.

8 singer ⇒ singers
解説「日本で最も有名な歌手」は1人ではありません。one of に続く名詞は,必ず複数形にします。

---

9 ②
解説「私は遠視です」は I'm far-sighted.

---

10 ①
解説 marry は「～と結婚する」の意味で,前置詞は不要。③は「～と」に当たる言葉がないので間違いです。

---

1 too
解説 決まり文句。

---

2 Why
解説 Why don't you ～? 「～すればいいのに,～しましょうよ」

---

3 mean
解説 mean は「意図する」の意味。

4 今度はぼくの番だ。
It's my (t   ).

5 それは私のせいです。
It's my (f   ).

6 エレベーターは故障しています。
The elevator is out of (o   ).

7 できるだけ早く来なさい。
Come as early as (p   ).

8 お金が足りません。
I'm (s   ) of money.

9 どうにかして来られませんか。
Can you (m   ) to come?

10 (パソコンの) 画面が動かなくなった。
The screen (f   ).

10 日本語・英語または番号で答えてください。

1 Let's go Dutch. と言えば，何をしようということ？

4 turn
解説 「今度はぼくが歌う番だ」は It's my turn to sing. 。

5 fault
解説 fault には「欠点」の意味もあります。

6 order
解説 out of order「故障して」

7 possible
解説 as ～ as possible「できるだけ～」

8 short
解説 be short of ～「～が足りない」

9 manage
解説 manage to 不定詞「どうにか～する」

10 froze
解説 「フリーズする (freeze)」の過去形。

---

1 割り勘(での支払い)
解説 Let's split the bill. とも言います。

2「午後3時」を正しく書くと？
① pm 3　② 3 p.m.　③ P.M. 3　④ 3 P.m.

3次のうちで，彼のことをけなしているのは？
① He's earnest.　　② He's childish.
③ He's generous.　　④ He's sensible.

4「ぶつ」は strike,「ひっかく」は scratch。では「なでる」を意味する s で始まる単語は？

5「第2次世界大戦」を英語で言うとき，正しいのは？
①"セカンド・ワールド・ウォー"
②"ワールド・ウォー・ザ・セカンド"
③"ワールド・ウォー・トゥー"
④"ザ・ワールド・ウォー・トゥー"

6 cosmetic surgery を日本語に直すと？

7「片道切符」は one-way ticket。では「往復切符」を英語で言うと？

8 She is a natural singer. を日本語に直すと？

2 ②
解説 ②以外の表記は間違いです。

3 ②
解説 順に「まじめだ」「子供っぽい」「気前がいい」「分別がある」。

4 stroke
解説 名詞の stroke は「一撃, 一動作」の意味。

5 ③
解説 World War Ⅱ。the Second World War とも言います。

6 美容整形(手術)
解説 face-lifting とも言います。

7 round-trip ticket
解説 イギリス英語では return ticket。

8 彼女は生まれつき[生まれながら]の歌手だ。
解説 「彼女は生まれつき歌が上手だ」は, She is by nature a good singer. と表現できます。

Part 4 まだまだ高校生の授業クラス！

9 「彼の仕事を手伝う」を英語に直すと？
① help his work　　② help his work with him
③ help him with his work

---

10 「歯医者に予約をしています」を英語に直すと？
① I have a promise with the dentist.
② I have a reservation with the dentist.
③ I have an appointment with the dentist.

9 ③

解説 「(人) のAを手伝う」は，〈help + 人 + with A〉と言います。「手伝う」という行為の対象は人間であり，help the work のようには言えません。

---

10 ③

解説 promise は「約束」，reservation は「(切符や宿泊などの) 予約」です。「(人と会う) 約束」は appointment と言います。

Part 5

大学生ならクリアしたい！

TOEICスコア
551～600点レベル

1 日本語・英語または番号で答えてください。

① 「レントゲン検査＝(　　) examination」のカッコ内に入る単語は？

② son「太陽」の形容詞は solar「太陽の」。では，moon「月」の形容詞は？

③ carbon dioxide を日本語に直すと？

④ veal, venison, poultry とは，何の種類？

⑤ cardboard box を日本語に直すと？

⑥ 列車などの窓側の席は window　seat。では通路側の席は？

⑦ ことわざで，Necessity is the (　　) of invention. のカッコ内に入る単語は？

1 X-ray
解説 I had my stomach X-rayed.「胃のレントゲン写真を撮ってもらった」のようにも使います。

2 lunar
解説「月食」は lunar eclipse。

3 二酸化炭素
解説「一酸化炭素」は carbon monoxide。

4 肉
解説 veal は「子牛の肉」, venison は「鹿の肉」, poultry は「鳥の肉」です。

5 段ボール箱
解説 cardboard は「厚紙［ボール紙］」のこと。

6 aisle seat
解説 aisle の発音は "アイル"。

7 mother
解説「必要は発明の母」

8 He died three years ago. の下線部をたずねる疑問文を作ってください。

9 上司に報告書を提出したら，"Couldn't be better." と言われました。この意味は？
① 最高だ。　② 最低だ。　③ 前回のよりも悪い。

10「上司は彼に残業を命じた」を英語に直すと？
① The boss told him to overtime work.
② The boss told him to work overtime.
③ The boss told him to overwork time.

2 下線を引いた単語は間違っています。正しい単語に直してください。

1 子供たちはテレビゲームをしています。
The children are playing a <u>television</u> game.

2「コーヒーはどんなふうにしますか」「濃くしてください」
"How would you like your coffee?" "I'd like mine <u>thick</u>, please."

3「夕食ができたわよ」「すぐ行くよ」
"Dinner is ready." "I'm <u>going</u> soon."

8 How long ago did he die?
解説「彼はどのくらい前に死にましたか」。How many years ago did he die? でも正解です。

9 ①
解説「これよりもよいことはあり得ない」ということ。

10 ②
解説〈tell + 人 + to 不定詞〉の形で,「(人) に~するよう命じる」の意味を表します。work overtime は「時間外に働く」です。

1 video
解説 テレビゲームは, もともとコンピュータの画面上にビデオ映像を表示したもの。

2 strong
解説 コーヒーが「濃い」は strong,「薄い」は weak。

3 coming
解説「相手のところへ行く」ときは go でなく come を使います。

4 彼の息子は交通事故で亡くなりました。
His son was <u>dead</u> in a traffic accident.

5 この魚は英語で何と言いますか。
What do you <u>say</u> this fish in English?

6 体重はいくらですか。
How much do you <u>weight</u>?

7 彼はカンニングを見つかった。
He was caught <u>cunning</u>.

8 今夜は外食しよう。
Let's eat <u>outdoors</u> tonight.

9 あなたはとてもスマートね。うらやましいわ。
You're very <u>smart</u>. I envy you.

10 この本はその古本屋で買いました。
I bought this book at the <u>old</u> bookstore.

4 killed
解説 「人災で死ぬ」ときは be killed。

5 call
解説 答えの文は，たとえば We call it a tuna.「それはマグロと言います」のようになります。この call の代わりに say を使うことはできません。

6 weigh
解説 weigh "ウェイ" は「～の重さがある」という意味の動詞。

7 cheating [cribbing]
解説 cunning は「ずるい」の意味。

8 out
解説 eat outdoors は「屋外で食べる」。

9 slim [slender]
解説 smart は「利口な」。

10 secondhand
解説 secondhand は「中古の（used）」。

Part 5 大学生ならクリアしたい！

3 日本語・英語または番号で答えてください。

1 genetically-modified food とは，どんな食品？

2「海水」は salt water。では「淡水」は？

3 Adam's apple とは，体のどの部分？

4 カッコ内に最も入りそうな単語は？
The ambulance carried the patient to the (h　　).

5「テレビタレント」を英語で言うと？
　① TV talent　　② TV personality　　③ TV character

6 a good loser とは，どんな人？
　①惜敗した人　　②負けても潔い人　　③負けて当然の人

7 The company went bankrupt. を日本語に直すと？

8「流行している」は in fashion。では「流行遅れだ」は？

1 遺伝子組み替え食品
解説 「遺伝子」は gene,「遺伝学」は genetics。

2 fresh water
解説 「淡水魚」は freshwater fish。

3 のどぼとけ
解説 アダムの食べたリンゴ（禁断の実）がのどに引っかかった，という伝説から。

4 hospital
解説 「救急車はその患者を病院へ運んだ」

5 ②
解説 talent は「才能」の意味。

6 ②
解説 a bad loser は「負けっぷり［往生際］の悪い人」。

7 その会社は倒産した。
解説 go bankrupt「破産する」

8 out of fashion
解説 in season「旬だ」⇔ out of season「時期はずれだ」など，類似表現多数あり。

Part 5 大学生ならクリアしたい！

9 次のうちで、誘いを断るときに使う表現は？
① I'd be glad to.　② I wish I could.　③ If you insist.

10「息子はどうにか就職できました」の英訳として正しくないものは？
① My son managed to get a work.
② My son managed to get a job.
③ My son managed to get an employment.

4　それぞれのことわざ（148ページ）の意味に近いものを，下から1つずつ選んでください。

1 A burnt child dreads the fire.

2 Look before you leap.

3 Birds of a feather flock together.

4 Don't count your chickens before they are hatched.

9 ②
解説 ①「喜んで」、②「できたらよいのですが（できません）」、③「もしどうしてもとおっしゃるなら」。

10 ①
解説 work には a はつけられません。

1 ②
解説 「やけどした子供は火を恐れる」

2 ⑩
解説 「よく見てから跳べ」

3 ⑦
解説 「同じ羽毛を持つ鳥はともに集まる」

4 ⑧
解説 「かえらぬうちにひなを数えるな」

5 Even Homer sometimes nods.

---

6 It never rains but it pours.

---

7 Still waters run deep.

---

8 The end justifies the means.

---

9 There is no accounting for tastes.

---

10 When in Rome, do as the Romans do.

[①能ある鷹は爪を隠す　②あつものに懲りてなますを吹く　③泣きっ面に蜂　④たで食う虫も好きずき　⑤郷に入っては郷に従え　⑥うそも方便　⑦類は友を呼ぶ　⑧捕らぬ狸の皮算用　⑨猿も木から落ちる　⑩転ばぬ先の杖]

5 ⑨
解説「ホーマー(古代ギリシャの有名な詩人)でも居眠りする(居眠りしながら書いたような間違いをする)こともある」

6 ③
解説「雨が降れば必ずどしゃぶりになる」

7 ①
解説「静かな流れは深い」

8 ⑥
解説「目的は手段を正当化する」

9 ④
解説「趣味を説明することはできない」

10 ⑤
解説「ローマではローマ人のするようにせよ」

5 日本語・英語または番号で答えてください。

1 reindeer とは，どんな動物？

2 racial discrimination を日本語に直すと？

3 「牛丼」を英語で言うと？

4 「1個の石けん」は a cake of soap。では「1個の角砂糖」を英語で言うと？

5 「不景気」の意味を表す単語でないのは？
① depression　　　② reduction
③ recession　　　　④ slump

6 「10平方メートル」を英語で言うと？

7 「非常口」を英語で言うと？

8 She has a gift for music. を日本語に直すと？

1 トナカイ
解説 rein は「手綱」, deer は「鹿」。

2 人種差別
解説「女性を差別する」は discriminate against women。

3 beef bowl
解説 bowl は「どんぶり」。

4 a lump of sugar
解説 lump は「塊(かたまり)」。

5 ②
解説 reduction は「減少」。

6 ten square meters
解説「立方メートル」は cubic meter。

7 emergency exit
解説「入り口」は entrance。

8 彼女には音楽の才能がある。
解説 gift の代わりに talent も使えます。

Part 5 大学生ならクリアしたい！

9 「日曜日は都合がいいですか」の英訳として正しくないのは？
① Is it convenient for you on Sunday?
② Is Sunday convenient for you?
③ Are you convenient on Sunday?

10 「私たちの乗る列車はまだ着いていません」を英語に直すと？
① Our train hasn't arrived yet.
② The train we get on hasn't arrived yet.
③ The train that will take us hasn't arrived yet.

---

6 カッコ内に適切な単語を入れてください。

1 彼は仮病を使うことがよくある。
He often (p　　) sick.

2 ケンジ，君に電話だよ。
Kenji, you are (w　　) on the phone.

3 (電話で)「田中さんをお願いします」「私です」
"May I speak to Mr. Tanaka?" "(S　　)."

4 (風邪を引いて) のどが痛い。
I have a (s　　) throat.

9 ③

解説 convenient「都合のよい」は, 人間を主語にすることができません。

10 ①

解説「私たちの乗る列車」は, our train で十分です。これを「私たちが持っている列車」と解釈する人は, まずいないでしょう。

1 plays
解説 play sick「仮病を使う」

2 wanted
解説 張り紙の WANTED は「指名手配」。

3 Speaking.
解説 I'm speaking. を短く言ったもの。

4 sore
解説 sore は「痛い」。

Part 5 大学生ならクリアしたい！ | 153

5 その候補が選挙に勝ちそうだ。
The candidate is (l　) to win the election.

6 タカシは小学5年生です。
Takashi is in the fifth (g　).

7 それは手ごろな値段です。
It's a (r　) price.

8 私には新車を買う余裕はない。
I can't (a　) a new car.

9 ここでは靴を脱いでください。
You are (s　) to take off your shoes here.

10 見本市は5月3日に開催されます。
The fair takes (p　) on May 3.

7 日本語・英語または番号で答えてください。

1 Antarctica を日本語に直すと？

5 likely
解説 be likely to 不定詞「～しそうだ」

6 grade
解説 Takashi is a fifth grader. とも言います。

7 reasonable
解説 reasonable には「合理的な」の意味もあります。

8 afford
解説 can't afford の形で「～の（金銭的）余裕がない」の意味。

9 supposed
解説 be supposed to 不定詞「～することになっている，～すべきだ」

10 place
解説 take place「行なわれる」

1 南極大陸
解説 the Antarctic「南極地方」。「北極地方」は the Arctic。

2「大使館」は embassy。では「大使」を英語で言うと？

....

3 mammal, reptile, amphibian とは，何の種類？

....

4 sick leave を日本語に直すと？

....

5 The boss is partial to her. と言えば，上司の彼女への態度は？
　①嫌っている　　②ひいきしている　　③誤解している

....

6 at a snail's pace は「のろのろと」の意味。この snail とは何？

....

7 次のうちで，ほめ言葉でないのは？
　① It's cool.　　　　　② It's neat.
　③ It's mean.　　　　④ It's groovy.

....

8「何百人もの人々」は hundreds of people。では「何万人もの人々」を英語で言うと？

....

9 Do you have the time? を日本語に直すと？
　①今何時ですか。　　　②おひまですか。
　③約束がありますか。

....

2 ambassador
解説 「公使」は minister。

3 動物
解説 順に「哺乳類」「は虫類」「両生類」。

4 病気休暇
解説 leave には「許可」「休暇」の意味があります。

5 ②
解説 partial は「不公平な」。反意語は impartial「公平な」。

6 カタツムリ
解説 「巻き貝」も snail。

7 ③
解説 mean は「意地悪だ，卑怯だ」の意味。ほかの3つは「カッコいい」。

8 tens of thousands of people
解説 「何十人もの人々」は dozens of people。

9 ①
解説 Do you have time?「時間がありますか」と混同しないように。

Part 5 大学生ならクリアしたい！

10「ドアの鍵を開けなさい」を英語に直すと？
① Open the door key. ② Open the door lock.
③ Unlock the door.

8 カッコ内に次(160ページ)から適切な単語を1つずつ選んで入れ，意味の通る語句を作ってください。使うのは1語1回限りです。

1 application (　)

2 chemical (　)

3 compulsory (　)

4 exchange (　)

5 fare (　)

6 fossil (　)

7 global (　)

10 ③

解説 key は「鍵」, lock は「錠」。unlock は「〜の錠を開ける」。unseal「〜の封を切る」, untie「〜のひもをほどく」, unwrap「〜の包みを開く」なども同様です。

1 ③

解説 application form「申込用紙」

2 ⑧

解説 chemical reaction「化学反応」

3 ⑩

解説 compulsory education「義務教育」

4 ⑥

解説 exchange rate「為替レート」

5 ⑤

解説 fare adjustment「運賃清算」

6 ①

解説 fossil fuel「化石燃料」

7 ⑦

解説 global warming「地球温暖化」

8 heart ( )

9 labor ( )

10 raw ( )

[① fuel, ② attack, ③ form, ④ union, ⑤ adjustment, ⑥ rate, ⑦ warming, ⑧ reaction, ⑨ material, ⑩ education]

9 日本語・英語または番号で答えてください。

1 映画の「字幕」(セリフの翻訳)を英語で言うと？
① introduction ② subtitles ③ translation screen

2 道路標識の「DETOUR」とは，どんな意味？

3 「恋愛結婚」は love marriage。では「見合い結婚」は？

4 landslide, crack, aftershock, hypocenter から連想する単語は？

8 ②
解説 heart attack「心臓まひ」

9 ④
解説 labor union「労働組合」

10 ⑨
解説 raw material「原料」

1 ②
解説 titles, caption とも言います。

2 迂回路 [回り道]
解説 発音は"ディートゥア"。

3 arranged marriage
解説 「お見合い」は marriage meeting。

4 earthquake「地震」
解説 順に「土砂崩れ」「地割れ」「余震」「震源地」。

Part 5 大学生ならクリアしたい！ 161

5「アメリカ国防総省」の俗称は the Pentagon。では,「ロンドン警視庁」の俗称は?

6 color「色」をイギリス流のつづりで書くと?

7 He is (1) young, (2) he is famous (3) a painter. の3つのカッコ内に, as・for・yet・still のうち3語を選んで意味の通る英文にしてください。

8 2つの文がほぼ同じ意味になるよう,カッコ内に入る単語は?
(a) I spent two hours doing this task.
(b) This task (　　) me two hours.

9 I paid a fine. を日本語に直すと?

10「医者にみてもらう方がいいよ」に最も意味の近い英文は?
① You should see a doctor.
② You had better see a doctor.
③ You must see a doctor.

5 Scotland Yard
解説「ペンタゴン (pentagon)」は「5角形」。建物の形が5角形であることから。

6 colour
解説 英米のつづり字には多少違いがあります。license《米》⇔ licence《英》などもその一例。

7 順に still, yet, as
解説「彼はまだ若いけれど，画家として有名です」

8 took
解説 (a)「私はこの仕事をするのに2時間を費やした」
(b)「この仕事は私には2時間かかった」

9 私は罰金を払った。
解説 fine は，I was fined for speeding.「スピード違反で罰金を取られた」のように動詞としても使います。

10 ①
解説 ①が日本語の意味に一番近い言い方。You had better ～には強制や脅迫のような強い響きがあり，軽い忠告などにはふつう使いません。must は「～する義務がある」。

Part 5 大学生ならクリアしたい！

10 カッコ内に適切な単語を入れて，意味の通る英文を完成してください。

1. Her cat died yesterday. That is (　　) she looks sad.

2. Mrs. Anderson is my (　　), so I'm her nephew.

3. Mr. Imai speaks English (　　) if he were an American.

4. The meeting will have already begun (　　) the time we arrive.

5. "Will he come on time?" "I'm afraid (　　)."

6. He believed the salesman, though I advised him not (　　).

1 why
解説「彼女の猫がきのう死んだ。そういうわけで彼女は悲しそうなのだ」

2 aunt
解説「アンダーソンさんは私のおばで，だから私は彼女のおいです」

3 as
解説「今井氏はまるでアメリカ人のように英語を話す」

4 by
解説「私たちが到着するまでに会議は既に始まっているだろう」

5 not
解説「『彼は時間通りに来るだろうか』『来ないと思うよ』」

6 to
解説「私はよせと言ったのだが，彼はそのセールスマンの言うことを信じた」

7 I'll visit the museum (   ) my stay in New York.

8 We have no choice (   ) to wait for his reply.

9 This town is quite different from (   ) it was ten years ago.

10 The (   ) of foreign workers is increasing these days.

7 during
解説「ニューヨーク滞在中にその博物館を訪れるつもりです」

8 but
解説「私たちは彼の返事を待つしかない」

9 what
解説「この町は10年前の姿とは全く違う」

10 number
解説「最近外国人労働者の数が増えている」

Part 6

英語でコミュニケーションがとれる！

TOEICスコア
601〜650点レベル

1 日本語・英語または番号で答えてください。

1 The third power of two is ( ). のカッコ内に入る数は？

2 Cheers!, Toast!, Bottoms up!, Prosit! とは，何をするときのかけ声？

3 「社長」は president。では「副社長」は？

4 mongrel dog とはどんな犬？

5 動詞の die は「死ぬ」。では，名詞の die の意味は？

6 pirated edition を日本語に直すと？

7 stationery shop で売っているものは？
① binoculars ② shoehorn
③ stapler ④ peeler

170

1 eight [8]
解説 third power は「3乗」。

2 乾杯
解説「山田くんの成功を祝って乾杯しよう」は，Let's toast [drink to] Yamada's success.。

3 vice-president
解説 president には「大統領」の意味もあるので，vice-president は「副大統領」の意味にもなります。

4 雑種犬
解説「純血犬」は pure-bred dog。

5 さいころ
解説 複数形は dice。

6 海賊版
解説 pirate は「海賊」。

7 ③
解説 順に「双眼鏡」「靴べら」「ホッチキス」「皮むき器」。文房具店で売っているのはホッチキス。

8「私はいつの間にか眠りこんだ＝I fell asleep （　　）I knew it.」のカッコ内に入る単語は？

9「その機械はマッチ箱ほどの大きさしかない」を英語に直すと？
① The machine is not as big as a matchbox.
② The machine is no bigger than a matchbox.
③ The machine is the smallest as a matchbox.

10「英語と日本語の違いについて論じましょう」の最も自然な英訳は？
Let's discuss （　　） between English and Japanese.
① a difference　　　② the difference
③ the differences

2 カッコ内から適切な単語を選んでください。

1 この通りは交通が激しい。
There is (much, heavy, busy) traffic on this street.

2 彼は交通事故でけがをしました。
He was (wounded, injured, damaged) in a traffic accident.

8 before
解説 before I knew it「いつの間にか」

9 ②
解説 no more than ~「~にすぎない」のバリエーション。

10 ③
解説「英語と日本語の違い」は1つではないので，differences と複数形にします。

1 heavy
解説「激しい交通」は heavy traffic，「交通の激しい通り」は a busy street。

2 injured
解説 be wounded はふつう「(武器などで) 負傷する」ときに使います。damage は「損害を与える」。「(事故などで) けがをする」は，be injured や be hurt で表します。

3 台風は九州に上陸しそうです。
The typhoon is likely to (land, hit, attack) Kyushu.

4 日本ではたいていの家にエアコンがあります。
In Japan (most, the most, almost) houses have air-conditioners.

5 その決定はわが社にとって死活問題だ。
The decision is a (question, problem, matter) of life and death for our company.

6 イチロー選手，サインしてもらえますか。
May I have your (sign, signature, autograph), Mr. Ichiro?

7 わがチームの最初の対戦相手は，イーグルスだ。
Our first (enemy, partner, opponent) is the Eagles.

8 彼の言うことはちんぷんかんぷんだ。
What he says doesn't make any (idea, sense, meaning).

③ hit
解説 台風などが「襲う」は，hit または strike で表します。

④ most
解説 most は「ほとんどの」の意味で使います。the most は「最も多い」。almost を使うときは，almost all the houses のように言います。

⑤ matter
解説 matter は「事柄」を表し，a matter of time「時間の問題」，a matter of opinion「見解上の問題」のようにも使います。

⑥ autograph
解説 sign 動「署名する」。signature は「(契約書などへの)署名」のこと。「(有名人の)サイン」は autograph と言います。

⑦ opponent
解説 enemy は「(戦争などの)敵」。「競争相手」は competitor とも言いますが，「(スポーツの)対戦相手」はふつう opponent です。

⑧ sense
解説 make sense「意味をなす」

Part 6 英語でコミュニケーションがとれる！

⑨ 彼は立派な人です。
He's a (respectable, respectful, respective) person.

⑩ 竜は架空の動物です。
A dragon is an (imaginable, imaginative, imaginary) animal.

3 日本語・英語または番号で答えてください。

① loan shark を日本語に直すと？

② orbit, liftoff, weightlessness, manned flight から連想される，rで始まる単語は？

③ アンテナ・イヤホーン・クレーン・コンセントのうち，このまま言ったのでは英語として全く通じないのは？

④ smorgasbord とは，どんな料理？

⑤ 「図書館」は library。では，「図書館司書」を英語で言うと？

9 respectable
解説 順に「尊敬できる」「礼儀正しい」「それぞれの」。

10 imaginary
解説 順に「想像しうる」「想像力の豊かな」「想像上の」。

1 サラ金
解説 「消費者金融会社」は consumer loan company。

2 rocket
解説 順に「軌道」「打ち上げ」「無重力状態」「有人飛行」。

3 コンセント
解説 ほかの3つは英語でも antenna, earphone, crane ですが，英語の consent は「同意 (する)」の意味。日本語の「コンセント」に当たる単語は outlet [socket]。

4 バイキング料理
解説 セルフサービスの立食形式での夕食は buffet supper。

5 librarian
解説 「図書館長」は curator。

Part 6 英語でコミュニケーションがとれる！

6 hit-and-run を野球以外で使うときは,どんな意味?

7 The bomb (   ). のカッコ内に入る適切な単語は?
① exported
② excluded
③ exposed
④ exploded

8 proofreader とは,何をする人?

9 2つの文がほぼ同じ意味になるよう,カッコ内に入る単語は?
(a) My opinion differs from yours.
(b) I don't (   ) with you.

10「彼女はパートの仕事をしている」を英語に直すと?
① She's working part-time.
② She's part-time working.
③ She's part-time worker.

4 適切な位置に単語を1つ補って,英文を完成してください。

1 野球とサッカーとどちらの方が好きですか。
Which do you like, baseball or soccer?

6 ひき逃げ（の）
解説 「ひき逃げをした運転手」は hit-and-run driver。

---

7 ④
解説 「爆弾が爆発した」。①～③は順に「輸出した」「除外した」「暴露した」。

---

8 校正
解説 「校正」は proofreading。

---

9 agree
解説 (a)「私の意見はあなたの意見とは違います」
(b)「私はあなたに賛成しません」

---

10 ①
解説 work part-time で「パートの仕事をする」。名詞で表現するなら She's a part-timer. です。

---

1 like better
解説 Which do you like better, A or B?「AとBのどちらの方が好きですか」

2 雨で試合が中止になった。
The game was called off because the rain.

3 私たちの出発は3時間も遅れた。
Our departure delayed as long as three hours.

4 もう少し質問したいのですが。
I'd like to ask you few more questions.

5 もっと金があれば，あの土地が買えたのに。
If I had more money, I could have bought the land.

6 朝からずっと雨が降っています。
It has raining since morning.

7 テレビをつけてもかまいませんか。
Would you mind turning on the TV?

8 娘はもう選挙で投票できる年だ。
My daughter is old to vote in an election.

9 デパートは買い物客でとても混雑しています。
The department is very crowed with shoppers.

2 because of
解説 because of ~「~のために」

3 departure was
解説 be delayed で「遅れる」の意味。

4 you a
解説 a few ~「少しの~」

5 had had
解説 仮定法過去完了。

6 has been
解説 現在完了進行形。

7 mind my [me]
解説 「私がテレビをつけるのを気にしますか」の意味。

8 old enough
解説 「投票するのに十分な年齢だ」

9 department store
解説 department は個々の「売り場」のことで,「デパート(全体)」は department store と言います。同様に apartment は「アパートの1世帯分の部屋」のことで,「アパート(全体)」は apartment building です。

⑩これがきのう君が話していた報告書かい。
Is this the report you were talking yesterday?

5 日本語・英語または番号で答えてください。

① 「消火器」を表す，e で始まる単語は？

...

② tollgate は，どこにあるもの？

...

③ 「ポリ袋」を英語に直すと？
① poly bag   ② plastic bag
③ vinyl bag   ④ doggy bag

...

④ (G   ) is the science that describes the surface of the earth and its inhabitants. のカッコ内に入る単語は？

...

⑤ Practically no one admits his own errors. の下線部の語に最も意味が近いのは？
① Beforehand   ② Naturally
③ Almost   ④ Undoubtedly

...

⑥ He's on crutches. と言えば，彼はどんな状態？

182

10 talking about [of]
解説 talk about the report「その報告書について話す」から。

1 extinguisher
解説 extinguish は「(火を) 消す」という意味の動詞。

2 高速 [有料] 道路
解説 tollgate は「料金所」のこと。

3 ②
解説「ビニール袋」も plastic bag。

4 Geography
解説「地理学は,地球の表面と居住者を説明する科学です」

5 ③
解説「自分の過ちを認める人はほとんど誰もいない」。
practically には「ほとんど」の意味があります。

6 松葉杖をついて [けがをして] いる
解説「松葉杖をついて歩く」は walk on crutches。

Part 6 英語でコミュニケーションがとれる！ 183

7 「(会社の)営業部」は sales department。では「人事部」は？

8 He is (　　) to learn computer graphics. のカッコ内に入れることのできる単語は？
① necessary
② difficult
③ eager
④ desirable

9 What a nerve! を日本語に直すと？
①何てすばらしい！
②何て臆病な！
③何てつまらない！
④何て図々しい！

10「このドレスのサイズは私にぴったりです」を英語に直すと？
① This dress matches me.
② This dress suits me.
③ This dress fits me.

6　カッコ内に適切な動詞を入れてください。

1 咳払いをする
　(c　　) one's throat

2 唇をかむ
　(b　　) one's lips

7 personnel department

解説 personnel は, "パーソネル" と後ろを強く読みます。

8 ③

解説「彼はコンピューター・グラフィックスを習いたがっている」。ほかの3つの形容詞は, 通常〈S（人）+ be動詞＋形容詞…〉の形で用いることはできません。

9 ④

解説 nerve（神経）には,「厚かましさ」という意味もあります。

10 ③

解説「サイズが合う」は fit。match, suit は「色・柄などが合う」。

1 clear

解説「咳（をする）」は cough。発音は "コ（ー）フ"。

2 bite

解説 bite の活用は, bite-bit-bit(ten)。

Part 6 英語でコミュニケーションがとれる！

3 鼻をかむ
(b) one's nose

4 足首をねんざする
(s) one's ankle

5 歯ぎしりをする
(g) one's teeth

6 息を止める
(h) one's breath

7 拍手する
(c) one's hands

8 マッチをする
(s) a match

9 テントを張る
(p) a tent

10 くぎを打ち込む
(d) a nail

3 blow
解説「鼻をほじる」は pick one's nose, 「鼻をつまむ」は pinch one's nose。

4 sprain
解説「足を骨折する」は break one's leg。

5 grind
解説 grind の活用は，grind-ground-ground。

6 hold
解説 catch one's breath は「かたずをのむ」, lose one's breath は「息を切らす」。

7 clap
解説「拍手かっさいする」は applaud。

8 strike
解説「マッチをつける」は light a match。

9 pitch
解説「テントをたたむ」は fold (up) a tent。

10 drive
解説「くぎを抜く」は pull out a nail。

7 日本語・英語または番号で答えてください。

1 「葬式」を意味する f で始まる単語は？

2 次のうちで，彼女のことをほめているのは？
① She's pushy.　　② She's cheeky.
③ She's naïve.　　④ She's dynamic.

3 grated cheese とはどんなチーズ？

4 「胃」は stomach，「肝臓」は liver。では「腎臓」は？

5 condolence money とは，どんなお金？

6 「ロケットを打ち上げる」を英語に直すと？

7 失敗した人にかける言葉として適切でないのは？
① Don't worry.　　② Don't mind.　　③ Never mind.

1 funeral
解説 「葬儀に参列する」は attend a funeral。

2 ④
解説 順に「図々しい」「生意気な」「世間知らずの」「精力的な」。

3 粉チーズ
解説 grate a radish は「大根をおろす」。

4 kidney
解説 kidney beans は「インゲンマメ」。

5 香典
解説 message of condolence は「弔辞」。

6 launch a rocket
解説 launch a scheme「計画に着手する」のようにも使います。

7 ②
解説 日本語では「ドンマイ」と言いますが，英語では Don't mind. とは言いません。

Part 6 英語でコミュニケーションがとれる！

8 2つのカッコ内に共通して入る単語は？
 (a) Please (　　) your right hand.
 (b) It's your duty to (　　) your children.

9 米国が多民族国家であることの比喩。1つは a melting pot「人種のるつぼ」。では，もう1つの表現は？

10「私はマイホームに住みたい」を英語に直すと？
 ① I want to live in my home.
 ② I want to live in a my home.
 ③ I want to live in a home of my own.

8　日本語・英語または番号で答えてください。

1「華道」は flower arrangement。では「茶道」は？

2 Why? = How (　　)? のカッコ内に入る単語は？

3 I'm all thumbs. を日本語に直すと？

8 raise
解説 (a)「右手を上げてください」
(b)「自分の子供を育てるのは君の義務だ」

9 a salad bowl
解説 いろんな人種が混在していることを「サラダ・ボウル」にたとえたもの。

10 ③
解説 my home を「持ち家」の意味で使うことはできません。①が正しくないのは,「私は(既に持っている)自分の家に住みたい」という意味になるから。

1 tea ceremony
解説「書道」は calligraphy。

2 come
解説 How come he quit his job?「彼はなぜ仕事をやめたのか」のようにも使います。

3 私は不器用だ。
解説 全部親指 (all thumbs) なら,さぞかし不器用でしょう。

4 Bill had an affair with Linda. と言えば，ビルはリンダと何をした？

5 heroine, alcohol, volume, initial のうち，最初を強く読まない語は？

6「大さじ1杯の砂糖」は a tablespoon of sugar。では「小さじ1杯の塩」は？

7「雪のように」と言えば「白い」(as white as snow)。では，「as (　) as a bee」のカッコ内に入る形容詞は？

8 Genius is one percent inspiration and ninety-nine percent perspiration. は，誰の言った言葉？

9 Linda is a plain girl. を日本語に直すと？
①リンダはおてんばだ。　②リンダは不細工だ。
③リンダはぶりっ子だ。

10「彼は山へキャンプに行った」を英語に直すと？
① He went camping to the mountain.
② He went camping in the mountain.
③ He went camping in the mountains.

4 浮気
解説「浮気な妻」は unfaithful wife。

5 initial
解説 順に"ヘ<u>ロ</u>ウイン""ア<u>ル</u>コホル""ヴァ<u>リ</u>ューム""イ<u>ニ</u>シャル"。

6 a teaspoon of salt
解説 a teaspoonful of salt とも言います。

7 busy
解説「蜂のように忙しい」

8 エジソン (Thomas Edison)
解説「天才は1パーセントが霊感で99パーセントは汗の結晶である」

9 ②
解説 plain には「器量が悪い」の意味があります。

10 ③
解説 ①は「キャンプしながら山へ行った」、②は「山の中（の地中）でキャンプした」と解釈されます。

Part 6 英語でコミュニケーションがとれる！

9 カッコ内に適切な単語を入れてください。

1 まさか。
No (k   ).

2 成功おめでとう！
(C   ) on your success!

3 時と場合によります。
That (d   ).

4 それで思い出したよ。
That (r   ) me.

5 どうしようもない。
It can't be (h   ).

6 車がパンクした。
I've got a (f   ).

7 こわいよ。
I'm (s   ).

8 動くな（手を上げろ）！
(F   )!

1 kidding
解説 No joking. とも言います。

2 Congratulations
解説 最後の s を忘れないように。

3 depends
解説 That depends on the situation.「状況しだいだ」ということ。

4 reminds
解説 直訳は「それが私に思い出させる」。

5 helped
解説 help は「避ける (avoid)」の意味。

6 flat
解説 flat は flat tire, つまり「平べったいタイヤ」のこと。

7 scared
解説 scaring movie は「こわい映画」。

8 Freeze!
解説 freeze「凍る」の口語的な用法。

9 何て散らかりようだ！
What a (m　　)!

10 税込みでいくらですか。
How much is it, (i　　) tax?

10 日本語・英語または番号で答えてください。

1 wisdom tooth と言えば，どんな歯？

2 ocean, snow, volcano, iceberg のうち，erupt するのはどれ？

3 Peekaboo! を日本語に直すと？

4 「年金」を意味する，p で始まる単語は？

5 「水洗トイレ」を英語で言うと？

9 mess
解説「その部屋は散らかっている」は,The room is in a mess.。

10 including
解説 including ～「～を含めて」

1 親知らず
解説「前歯」は front tooth,「奥歯」は back tooth。

2 volcano
解説「大洋」「雪」「火山」「氷山」のうち,「噴火する」のは火山。

3 いないいないばあ！
解説「いないいないばあをする」は play peekaboo。

4 pension
解説「厚生年金」は welfare pension。

5 flush toilet
解説 flush the toilet「トイレの水を流す」のようにも使います。

6 The news let me down. = The news （　　） me. のカッコ内に入る，d で始まる単語は？

7「私はその映画に感動した＝I was （　　） by the movie.」のカッコ内に入れられない単語は？
① touched　　　　② moved
③ pressed　　　　④ impressed

8「私は左ききです」を英語に直すと？
① I'm left-hand.　　　② I'm left-handed.
③ I'm left-hander.

------

9 2つのカッコ内に共通して入る単語は？
(a) This （f　　） is only approximate.
(b) I can't （f　　） out this theory.

10「遅れてすみません」に当たる最も自然な英語は？
① I'm sorry I'm late.
② I'm sorry to be late.
③ I'm sorry for being late.

6 disappointed
解説 let ～ down「～を失望させる」

7 ③
解説 touch, move, impress には「感動させる」の意味があります。press は「押す」。

8 ②
解説 ③は I'm a left-hander. なら正解。

9 figure
解説 (a)「この数字は概算にすぎません」
(b)「私はこの理論が理解できない」

10 ①
解説 ②③も文法的には成り立ちますが，①が最もふつうの言い方。

Part 7

英語で日常生活も大丈夫！

TOEICスコア
651～700点レベル

1 日本語・英語または番号で答えてください。

1 「時差ぼけ」を表す2語の英語は？

---

2 I'm having my period. と言えば，この人はどんな状態？

---

3 口語で It's a piece of cake. とは，どんな意味？
① delicious　② easy　③ small　④ dangerous

4 vicious circle を日本語に直すと？

---

5 ripple, surge, whitecap と言えば，何の種類？

---

6 2つのカッコ内に共通して入る単語は？
(a) The rumor doesn't (　　) true.
(b) All my teeth are (　　).

---

7 2つのカッコ内に，発音が同じでつづりの違う単語を入れてください。(例：meet と meat)
(a) Will you read the story (　　)?
(b) Smoking is not (　　) in my office.

202

1 jet lag
解説「時差ぼけにかかっています」は，I'm suffering from jet lag.。

2 生理中
解説「生理が1週間遅れている」は My period is a week late.。

3 ②
解説「朝めし前」の意味。It's as easy as pie. も同じ。

4 悪循環
解説 vicious habits は「悪習」。

5 波
解説 順に「さざ波」「大波」「白波」。

6 sound
解説 (a)「そのうわさは本当ではないらしい」
(b)「私の歯はすべて健康です」

7 (a) aloud   (b) allowed
解説 (a)「その記事を声に出して読んでくれませんか」
(b)「私の職場は禁煙です」

8 会話で「今のところ順調です」を，So で始まる4語の文で表すと？

9 PIN code とは何の番号？

10「彼女はスタイルがいい」を英語に直すと？
① She is in good shape.
② She has a good figure.
③ She is stylish.

2 カッコ内に適切な単語を入れてください。

1 マリコはお母さんに生き写しだ。
Mariko is the very（p　　）of her mother.

2 私の職場は通勤に不便です。
My office is inconvenient to（c　　）.

3 ぼくは人前に出るとあがってしまう。
I get（n　　）in public.

8 "So far, so good."
解説 so far は「今までのところ」。

9 (キャッシュカードの) 暗証番号
解説 PIN は personal identification number の頭文字を取った言葉。

10 ②
解説 ①は「彼女は体調がいい」,③は「彼女は今風だ」。

1 picture
解説 picture の代わりに image も使えます。

2 commute
解説「定期券」は commuter ticket。

3 nervous
解説「あがる」とは,「緊張する (get nervous)」ということ。

4 息子はクラスでいじめを受けている。
My son is (b　　) by his classmates.

5 我々は抜本的な方策を取らねばならない。
We must take some drastic (m　　).

6 君は少し考えが甘すぎる。
You're a little too (o　　).

7 妻は妊娠5カ月です。
My wife is five months (p　　).

8 彼は専務取締役に出世した。
He was (p　　) to executive director.

9 彼は支店に転勤になった。
He was (t　　) to the branch office.

10 どこをほっつき歩いていたんだ。
Where have you been (h　　) around?

3　日本語・英語または番号で答えてください。

1「すべり台」は slide。では「ブランコ」は？

4 bullied
解説 bully「いじめる」

---

5 measures
解説 take measures「方策を取る」

---

6 optimistic
解説 optimistic「楽観的な」。反意語は pessimistic「悲観的な」。

---

7 pregnant
解説 pregnant「妊娠して」

---

8 promoted
解説 promote「昇進させる」

---

9 transferred
解説 transfer「転勤させる」

---

10 hanging
解説 hang around「ぶらつく」

---

1 swing
解説「ブランコをこぐ」は，swing a swing。

2 guinea pig とは，どんな動物？

3「履歴書」を意味する，r で始まる単語は？

4 新聞の一面に Senator という単語が出てきました。何という意味？

5「おむつ」を意味する，d で始まる単語は？

6 He's dirty-minded. と言えば，彼はどんな人？
　①内気な人　　②エッチな人　　③裏表のある人

7 damage, uniform, museum, penalty のうち，最初を強く読まない語は？

8 A (　　) year comes every four years. のカッコ内に入る，l で始まる単語は？

2 モルモット
解説 比喩的に「実験台」の意味でも使います。

3 résumé [resume]
解説 日本語で言う「レジュメ [梗概(こうがい)]」の意味もあります。

4 (米国の) 上院議員
解説「下院議員」は Congressman。「上院」は the Senate (日本の「参議院」は the House of Councilors)。米国の「下院」と日本の「衆議院」は, どちらも the House of Representatives。

5 diaper
解説 イギリス英語では nappy。

6 ②
解説 dirty joke と言えば「わいせつな冗談」。

7 museum
解説 順に "ダミッジ" "ユニフォーム" "ミュージーアム" "ペナルティ"。

8 leap
解説「うるう年は4年ごとに来る」

Part 7 英語で日常生活も大丈夫！ 209

⑨「パソコンを使いこなせること」は computeracy と言います。これは，computer とどんな単語の合成語？

⑩「最近よく目まいがします」を英語に直すと？
① I often feel dizzy recently.
② I'm often feeling dizzy recently.
③ I've often been feeling dizzy recently.

4 下線部の単語は間違っています。正しい単語に直してください。

①この扇風機は動かない。
This fan doesn't <u>move</u>.

②窓を開けっ放しにしたのは誰だ。
Who <u>kept</u> the window open?

③日本はキューバに3対2で勝った。
Japan <u>won</u> Cuba by 3 to 2.

④そのレストランはお客が減ってきている。
The restaurant is <u>decreasing</u> its customers.

210

9 literacy
解説 computer literacy は最近よく聞く言葉。literacy はもともと「読み書きの能力」のこと。

10 ③
解説 recently「最近」は，ふつう現在完了形または過去形とともに使います。

1 work
解説 move は文字通り「動く[移動する]」ということ。

2 left
解説「開けたまま放置する」の意味だから，left（leave の過去形）が適当。

3 beat [defeated]
解説「(チームなどを) 破る」は beat または defeat。win は win a game「試合に勝つ」のように使います。

4 losing
解説「レストランが客を失う」と考えます。

5 私はおばの家で育ちました。
I was <u>grown</u> up by my aunt.

---

6 東京の人口はどれくらいですか。
How <u>much</u> is the population of Tokyo?

7 私はワンルームマンションに住んでいます。
I live in a one-room <u>mansion</u>.

8 彼は英語以外にフランス語も話せます。
He can speak French <u>except</u> English.

---

9 会合はあとどのくらいで始まりますか。
How <u>long</u> will the meeting begin?

10「私は彼に電話していませんよ」「私もです」
"I didn't call him." "Me, <u>too</u>."

5 日本語・英語または番号で答えてください。

1「農業」は agriculture,「林業」は forestry。では「漁業」を英語で言うと？

5 brought
解説 bring up ~は「~を育てる (raise)」, grow up は「育つ」の意味。ここでは「おばによって育てられた」という受動態になっています。

6 large
解説 population「人口」の多少は large・small で表します。

7 apartment
解説 英語の mansion は「大邸宅」のこと。

8 besides
解説 except ~は「~を除いて」, besides ~は「~に加えて」。as well as などでもかまいません。

9 soon
解説 How soon ~?「あとどのくらいで~」

10 neither
解説 Me, too. は肯定文に続ける言い方。否定文のときは neither で受けます。

1 fishery
解説「漁師」は fisherman。

2 Braille とは，どんな人に必要なもの？

3「目じりのしわ＝（　　）'s feet」のカッコ内に入る単語は？

4「船」は ship。では「造船所」を英語で言うと？

5「オリンピック」を英語に直すと？
① Olympic　　② the Olympic　　③ the Olympics

6 plumber とは，何をする人？

7「生産物」は product。では「生産性」を英語で言うと？

8 次のうちで，一番弱い雨は？
① driving rain　　　② fine rain
③ torrential rain　　④ pouring rain

9「うろこ」「歯石」を意味する，s で始まる単語は？

2 目の不自由な人
解説 Braille は「点字」。

---

3 crow
解説 日本語でも「カラスの足跡」と言います。

---

4 shipyard
解説 「造船会社」は shipbuilding company。

---

5 ③
解説 the Olympic Games とも言います。

---

6 水道[配管]工事
解説 「下水」は sewage。

---

7 productivity
解説 「高い[低い]生産性」は high [low] productivity。

---

8 ②
解説 順に「横なぐりの雨」「霧雨」「豪雨」「どしゃぶりの雨」。

---

9 scale
解説 scale には「天秤」「目盛り」「物差し」などの意味もあります。

10 I could have stopped smoking. の表す意味は？
① 私はやっと禁煙できた。
② 私は禁煙できそうだ。
③ 私は結局禁煙しなかった。

6 カッコ内に入る適切な単語を，1つ選んでください。

1 犯罪の中には貧困に由来するものもある。
Some crimes (　　) from poverty.
① generate　② stem　③ drive　④ deprive

2 彼女は私を誘惑しようとした。
She tried to (　　) me.
① induce　② inspire　③ seduce　④ fascinate

3 真相がだんだんわかってきた。
The truth gradually (　　) on me.
① realized　　　② emerged
③ occurred　　　④ dawned

4 それをはっきり説明してくれ。
(　　) it out for me.
① Pass　② Dawn　③ Spell　④ Reach

10 ③
解説「私は(やろうと思えば)禁煙できたのだが」の意味。

1 ②
解説 stem from ~「~に由来する」

2 ③
解説 seduce「(性的に)誘惑する」

3 ④
解説 dawn on [upon] ~「(人)にわかってくる」

4 ③
解説 spell out ~「~をはっきり説明する」

5 その映画は誰が主演していますか。
Who ( ) in the movie?
① leads　② stars　③ majors　④ represents

6 煙で目がちくちくした。
My eyes ( ) with smoke.
① touched　② stuck
③ smarted　④ stimulated

7 正直がいつでも割に合うわけではない。
Honesty doesn't always ( ).
① effect　② pay　③ benefit　④ support

8 彼らの抗議が大衆デモを誘発した。
Their protest ( ) a mass demonstration.
① attracted　② contributed
③ rebelled　④ triggered

9 彼女は私のほおを平手打ちした。
She ( ) me on the cheek.
① slapped　② snatched
③ spanked　④ smashed

10 妻は彼に対して離婚訴訟を起こした。
His wife ( ) a divorce suit against him.
① offered　② issued　③ caused　④ filed

5 ②
解説 star in 〜「〜に主演する」

6 ③
解説 smart「ずきずき傷む」

7 ②
解説 pay「割に合う」

8 ④
解説 trigger「〜の引き金になる」

9 ①
解説 ②以外の動詞は，順に「ひっかく」「(子供のお尻を)たたく」「粉砕する」。

10 ④
解説 file a (law) suit「訴訟を起こす」

7 日本語・英語または番号で答えてください。

1 「火星」は Mars, 「金星」は Venus。では「木星」を英語で言うと?

2 「卸売り」は wholesale。では「小売り」を英語で言うと?

3 nocturnal animal とは, どんな動物?

4 「児童虐待」を英語に直すと?

5 disaster, calamity, feud, mishap のうち, 1つだけほかと意味が違うのは?

6 umbilical cord を日本語に直すと?

7 新聞の社会面に, arson という単語が出てきました。何という意味?

1 Jupiter
解説▶「水星」は Mercury, 「土星」は Saturn。

2 retail
解説▶「小売商」は retailer。

3 夜行性動物
解説▶「草食動物」は plant [grass]-eating animal, 「肉食動物」は flesh-eating animal。

4 child abuse
解説▶ abuse は bad use の意味で, drug abuse「麻薬の乱用」のようにも使います。

5 feud
解説▶ feud "フュード" は「不和, 争い」, ほかの3語は「災害」。

6 へその緒
解説▶「へそ」は navel。

7 放火
解説▶「放火犯」は firebug。

8「トースターをコンセントにつなぐ」は plug in the toaster。では「トースターのコンセントを抜く」は？

9 彼女を食事に誘ったら、How about a rain check? と言われました。どんな意味？
①また今度ね。　　　　　　②割り勘にしましょう。
③安い店がいいわ。

10 I had words with my boss. を日本語に直すと？
①私は上司に相談した。　②私は上司と約束した。
③私は上司と口論した。

8

カッコの中に、次（224ページ）から適切な単語を1つずつ選んで入れてください。使うのは1語1回限りです。

1 お隣さんとはうまくやっていますか。
How are you getting (　　) with your neighbors?

2 彼は私の妹と婚約しています。
He is engaged (　　) my sister.

3 祖父は先月亡くなりました。
My grandfather passed (　　) last month.

4 喫煙はご遠慮ください。
Please refrain (　　) smoking.

8 unplug the toaster

解説 untie「ほどく」・unwrap「包みを開く」など，un- は「元の状態に戻す」の意味です。

---

9 ①

解説 rain check とは「雨天順延券」のこと。「都合のいいときにまた誘ってください」と言いたいときに使います。

---

10 ③

解説 have words with ～「～と口論する」

---

1 along

解説 get along with ～「～と仲良くやっていく」

---

2 to

解説 be engaged to ～「～と婚約している」

---

3 away

解説 pass away「亡くなる」

---

4 from

解説 refrain from ～「～を控える」

Part 7 英語で日常生活も大丈夫！ 223

5 私はダイエット中です。
I'm ( ) a diet.

6 この列車は大阪行きです。
This train is bound ( ) Osaka.

7 あの橋は工事中です。
That bridge is ( ) construction.

8 この仕事は前任者から引き継ぎました。
I took ( ) this job from my predecessor.

9 部屋の掃除をしていたら偶然この写真を見つけました。
I came ( ) this photo when I was cleaning the room.

10 彼は風邪をこじらせて肺炎になった。
His cold developed ( ) pneumonia.

[across, along, away, for, from, into, on, over, to, under]

9 日本語・英語または番号で答えてください。

1 optician's shop で売っているものは？

5 on
解説 be on a diet「ダイエット中で」

6 for
解説 bound for ~「~行きの」

7 under
解説 under construction「工事中で」

8 over
解説 take over ~「~を引き継ぐ」

9 across
解説 come across ~「~を偶然見つける」

10 into
解説 develop into ~「進展して~になる」

1 メガネ
解説 optician は「メガネ屋」。

2 synthetic detergent を日本語に直すと？

3 astronomy は「天文学」。では「占星術[星占い]」を英語で言うと？

4 荷物などに「壊れ物在中[取り扱い注意]」の意味で書かれている，F で始まる単語は？

5 housebroken cat とは，どんな猫？
　①しつけのよい猫　　　　②しつけの悪い猫
　③捨てられた猫

6 He bought national bonds. と言えば，彼が買ったものは何？

7「アサリ」は clam，「カキ」は oyster。では，scallop とはどんな貝？

8 気象用語で thunderhead とは何？

9 I have an athlete's foot. を日本語に直すと？

2 合成洗剤
解説 「中性洗剤」は neutral detergent。

---

3 astrology
解説 「占い師」は fortuneteller。

---

4 Fragile
解説 fragile は「壊れやすい」の意味。

---

5 ①
解説 housebroken は「(ペットが) 家の中に住むようならされた」という意味。

---

6 国債
解説 「社債」は corporate debenture [bond]。

---

7 ホタテ貝
解説 「ムール貝」は mussel, 「サザエ」は turban shell, 「アワビ」は abalone。

---

8 積乱雲 [入道雲]
解説 「飛行機雲」は vapor trail。

---

9 私は水虫です。
解説 athlete「運動選手」が長時間同じ靴をはいていることから。

Part 7 英語で日常生活も大丈夫！ 227

10 That's just another story. を日本語に直すと？
　①それは信じられない話だ。
　②それはありふれた話だ。
　③それは無関係の話だ。

10 適切な位置に単語を1つ補って，英文を完成してください。

1 私は急用のためにゴルフコンペに出席できなかった。
Urgent business kept me attending the golf competition.

2 会合で何が議論されたのかを私に説明してくれ。
Explain me what they discussed in the meeting.

3 事務所は何階ですか。
What floor is the office?

4 霧のため全便が欠航になっています。
All the flights has cancelled owing to a fog.
　　　　　　　have

5 ぼくたちは誰かに後をつけられているようだ。
It seems we are followed by someone.

10 ②
解説 just another は「月並みな」の意味。

1 me from
解説 〈keep + O + from ～ing〉=「Oが～するのを妨げる」

2 Explain to
解説 〈explain to + 人〉=「(人) に説明する」

3 office on
解説 「事務所は3階です」なら，The office is on the third floor. です。

4 has been
解説 「キャンセルされている」の意味の受動態にします。

5 are being
解説 「～されつつある」《進行形の受動態》は，〈be + being + 過去分詞〉の形で表します。

6 私の生まれた小さな町は，過去10年の間に大きく変わってしまった。
The small town I was born has greatly changed during the past ten years.

---

7 札幌では8月はどんな気候ですか。
What is the weather of Sapporo in August?

---

8 2，3年以内に景気が回復する見込みはほとんどない。
There are scarcely hope that business will recover within a few years.

---

9 このカメラを修理してもらうのにいくらかかりましたか。
How much it cost to get this camera repaired?

---

10 強風のために飛行機は離陸できなかった。
The strong wind made impossible for the plane to take off.

6 born in (または town where)

解説 I was born in the small town. から考えます。

7 Sapporo like

解説 What is ~ like? で「~はどのようなものですか」の意味。like は文の最後に置いてもかまいません。

8 scarcely any

解説 scarcely any = little「ほとんど~ない」

9 much did

解説 答えはたとえば It cost 20 dollars. で (cost は動詞), 下線部をたずねる疑問文は How much did it cost? となります。

10 made it

解説「飛行機は離陸できなかった」は, It was impossible for the plane to take off.。

Part 7 英語で日常生活も大丈夫！ 231

Part 8

ビジネス英語が使いこなせる！

TOEICスコア
701〜800点レベル

1 日本語・英語または番号で答えてください。

1 juvenile delinquency を日本語に直すと？

2 UFO「空飛ぶ円盤」は，何の略？

3 slipped disk とは，どんな病気？

4 会話で Beats me. と言えば，どんな意味？
① 勘弁してくれ。　　　　② 全然わからない。
③ うそじゃない。

5 「wildlife (　　)」のカッコ内に入れたとき，意味をなす単語は？
① autonomy　　　　　　② sanctuary
③ infiltration　　　　　　④ vigilance

6 「Don't take it out on me. ＝ぼくに (　　) するなよ」のカッコ内に入る言葉は？

7 subsidiary company を日本語に直すと？

1 青少年非行
解説 juvenile literature は「児童文学」。

2 unidentified flying object
解説 日本語に直すと「未確認飛行物体」。

3 椎間板ヘルニア
解説「ヘルニア」は hernia [rupture]。

4 ②
解説 I have no idea. の意味。It beats me. とも言います。

5 ②
解説「野生動物保護区域」。①③④は順に「自治権」「侵入」「警戒」。

6 八つ当たり
解説 take it out on ~「~に八つ当たりする」

7 子会社
解説 subsidiary は「補助の」の意味。

8 次のうち，マイナスイメージの形容詞は？
① fabulous
② impartial
③ snug
④ extravagant

9 「マイナスイメージ」を英語で言うと？

10 「彼女を説得して彼との結婚を思いとどまらせよう」を英訳すると？
① I'll talk her out of marrying him.
② I'll persuade her to stop to marry him.
③ I'll discourage her to marry him.

2 カッコ内に入る適切な単語を，1つ選んでください。

1 これらの市場にはどうやったら参入できますか。
How can we gain (　　) to these markets?
① right　② place　③ access　④ door

2 日本の大学の場合はその反対だ。
The reverse is the (　　) with Japanese universities.
① accord　② matter　③ case　④ contrast

3 父はアルバイトをしながら大学を出た。
My father worked his (　　) through college.
① way　② own　③ life　④ aim

8 ④
解説 順に「すてきな」「公明正大な」「心地よい」「ぜいたく [浪費的] な」。

9 negative image
解説 negative の反意語は positive。

10 ①
解説 ②の to marry は marrying, ③の to marry は from marrying とすべき。

1 ③
解説 access は「近づく [入手する] 経路」。

2 ③
解説 case は「真相, 実情」の意味。

3 ①
解説 work one's way「働いて進む」

4 私はその本を3冊注文した。
I ordered three ( ) of the book.
① copies ② covers ③ editions ④ versions

5 ジュースでシャツにしみがついた。
The juice left a ( ) on my shirt.
① spray ② stain ③ strain ④ splash

6 ぼくは彼女に振られた。
I was ( ) by her.
① dumped ② crashed ③ junked ④ wasted

7 このホールは3,000人収容できます。
This hall ( ) 3,000 people.
① catches ② contains ③ stores ④ seats

8 彼女のこの写真は写りが悪い。
This photo doesn't do her ( ).
① judge ② justice ③ fairly ④ image

9 今月のノルマをまだ達成していない。
I haven't yet fulfilled my ( ) for this month.
① norm ② option ③ quota ④ share

10 我々は政府の一方的な決定に反対だ。
We are against the government's ( ) decision.
① lateral ② unilateral ③ bilateral ④ collateral

4 ①
解説 copy には「(本の) 1 冊」の意味があります。

5 ②
解説 stain「しみ,汚れ」

6 ①
解説 I was jilted [ditched] by her. とも言います。

7 ④
解説 seat「座らせる」

8 ②
解説 do ~ justice「~を正当に評価する」

9 ③
解説 norm は「基準,平均」の意味。quota は「割当量」。

10 ②
解説 順に「横の」「一方的な」「双方向の」「付加的な」。

3 日本語・英語または番号で答えてください。

1「腰痛」を英語に直すと？
① waistache   ② bottom pain   ③ lower back pain

2「車がスリップした。= My car (s   ).」のカッコ内に入る単語は？

3 contraception を日本語に直すと？

4 retiring allowance を日本語に直すと？

5「使い捨てライター=(d   ) lighter」のカッコ内に入る, d で始まる単語は？

6 地震に関する新聞記事中に, debris という単語が出てきました。何という意味？

7「投資」は investment。では「投機」を意味する s で始まる語は？

8 name-dropper とは, どんなことをする人のこと？

1 ③
解説 英語では「背中の下部の痛み」と表現します。

2 skidded
解説 slipped ではありません。

3 避妊
解説「避妊具」は contraceptive。

4 退職金
解説 allowance は「手当」。

5 disposable
解説 dispose は,dispose of ～の形で「～を処分する」の意味を表します。

6 がれき
解説 space debris と言えば,「(宇宙空間を漂うロケットなどの) 残骸」のこと。

7 speculation
解説「投資する」は invest,「投機する」は speculate。

8 自分は有名人の知り合いだと自慢する人
解説 そのような行為をすることは, name-dropping。

⑨企業などの長を表すCEOとは，何の略？

⑩ There are pills on the sweater. を日本語に直すと？

4 カッコ内に適切な単語を入れてください。

①なぜそう思うのですか。
What (　　) you think so?

②私がほしいのは，あなたの愛だけです。
(　　) I want is your love.

③私は姉とは共通点が何もありません。
I have nothing in (　　) with my sister.

④君の報告書は申し分ない。
Your report (　　) nothing to be desired.

⑤手袋が左右逆だよ。
You have your gloves on the (　　) hands.

9 chief executive officer
解説 これは常識ですね。

10 セーターに毛玉ができている。
解説 pill は球形のもの（丸薬など）を指します。

1 makes
解説 〈make + O + 動詞の原形〉＝「Oに～させる」

2 All
解説「私がほしい<u>すべてのもの</u>は，あなたの愛です」の意味。

3 common
解説 have ～ in common「共通点を持つ」

4 leaves
解説 leave nothing to be desired「申し分ない」

5 wrong
解説「間違った手に手袋をはめている」

6 その夫婦にはまもなく2人目の子供が生まれる。
The couple (　　) their second soon.

7 ご協力に感謝します。
I (　　) your cooperation.

8 ぼくは彼に1万円借りている。
I (　　) 10,000 yen to him.

9 それは当然の成り行きだ。
That's the (　　) it goes.

10 人はパンのみにて生きるにあらず。
Man does not live by bread (　　).

5 日本語・英語または番号で答えてください。

1 He's type A. と言えば，彼はどんな人？
① 精力的な人　　　② 神経質な人
③ 楽天家　　　　　④ 浮気な人

2 「高血圧」を表す，hで始まる単語は？

6 expect(s)
解説 expect は「(子供が) 生まれる予定だ」の意味で使います。

7 appreciate
解説 thank は Thank you. のように「(人) に感謝する」という意味なので，ここには入れられません。

8 owe
解説 owe「～の借りがある」

9 way
解説 決まり文句。

10 alone
解説 alone には「～だけ (only)」の意味があります。

1 ①
解説 type B は「のんびり屋」。type A の人は心臓病になりやすいと言われます。

2 hypertension
解説「高血圧」は，high blood pressure とも言います。「低血圧」は hypotension または low blood pressure。

Part 8　ビジネス英語が使いこなせる！　245

③「犬が尾を振っている＝ A dog is（w　　）its tail.」のカッコ内に入る単語は？

④ tongue twister を日本語に直すと？

⑤ She's telegenic. を日本語に直すと？

⑥「鼻血」を英語で言うと？

⑦司会者のことをMCと言いますが，これは何の略？

⑧「だじゃれ」を p で始まる 1 語で表すと？

⑨単語を並べ替えて，意味の通る英文を作ってください。
sleep, most, you, what, is, need

⑩「親友」を表す最も適切な英語は？
① close friend　　② intimate friend
③ indeed friend　　④ blood friend

3 wagging
解説 wag は「(尾を) 振る」という動詞。

4 早口言葉
解説 直訳は「舌をからませるもの」。

5 彼女はテレビ映りがいい。
解説 photogenic「写真映りがいい」が元になった表現。

6 nosebleed
解説「鼻血が出た」は，My nose bled.。

7 (the) master of ceremonies
解説「司会する」という動詞は preside。

8 pun
解説「語呂合わせ」も pun。

9 What you need most is sleep.
解説「君に最も必要なものは，睡眠だ」。Sleep is what you need most. でも正解。

10 ①
解説 bosom friend とも言います。intimate は，アメリカ英語では性的関係を暗示します。

Part 8 ビジネス英語が使いこなせる！ 247

6

カッコの中に, 次 (250ページ) から適切な単語を1つずつ選んで入れてください。使うのは1語1回限りです。

1 そのエンジンは電気で動きます。
The engine is driven (　　) electricity.

2 ナイフで指を切りました。
I cut my finger (　　) a knife.

3 昼食を取りながら話し合おう。
Let's talk (　　) lunch.

4 好みに合うネクタイが見つからなかった。
I couldn't find any ties (　　) my taste.

5 彼女はヨガにのめりこんでいる。
She's really (　　) yoga.

6 これは経費で落とせます。
This is (　　) the company.

7 今ミニスカートが流行している。
Mini skirts are (　　) now.

8 その魚は絶滅の危機に瀕している。
The fish is in danger of dying (　　).

248

1 by
解説 後ろに無形物がくるときは，with は使えません。

2 with
解説 by ～「～によって」は，ふつう輸送や伝達の手段に使います。

3 over
解説 over ～は「～しながら」。「ビールを飲みながら」は over a glass of beer.

4 to
解説 to ～'s taste「～の好みに合う」

5 into
解説 into ～「～に熱中して」

6 on
解説 This is on me. と言えば「これはぼくのおごりだ」。

7 in
解説 in「流行している」

8 out
解説 die out「絶滅する」

⑨ 多くの従業員が解雇された。
A lot of employees were laid (　　).

⑩ 警察は街路からホームレスを排除した。
The police cleared the streets (　　) homeless people.

[by, in, into, of, off, on, out, over, to, with]

7 日本語・英語または番号で答えてください。

① 「軍備」は armament。では「軍縮」は？

② 「クモの巣」「水かき」を意味する単語は？

③ The New Testament を日本語に直すと？

④ paddy field で栽培するものは何？

9 off
解説 lay off「(一時)解雇する」

10 of
解説 clear A of B「AからBを取り除く」

1 disarmament
解説 agree「同意する」⇔ disagree「意見が異なる」のように，dis- は反意語を作る接頭辞の1つです。

2 web
解説 the complex web of life「複雑な人生模様」のようにも使います。

3 新約聖書
解説 testament には「遺言状」の意味もあります。

4 米［稲］
解説 paddy は「稲田」。「田んぼ」は rice field とも言います。

5 2つのカッコ内に共通して入る単語は？
(a) I'm ( ) tired.
(b) My leg feels ( ).

6 名作『風とともに去りぬ』の原題は？

7 英字新聞によく出てくるLDPとは，何のこと？

8 rash, pimples, freckles, frostbite のうち，ふつう顔にできないのは？

9 「(d) shoes ＝長持ちする靴」のカッコ内に入る単語は？

10 Let's call it a day. を日本語に直すと？
①これから1日がんばろう。
②今日はこれで終わりにしよう。
③今日が一番大事な日だ。

8 カッコ内に適切な単語を入れてください。

1 あなたはお姉さんとは何歳違いですか。
How many years ( ) are you and your sister?

252

5 dead
解説 (a)「へとへとに疲れた」 (b)「足がしびれた」

6 *Gone with the Wind*
解説 作者は Margaret Mitchell。

7 自民党
解説 Liberal Democratic Party「自由民主党」の略。

8 frostbite
解説 順に「発疹」「にきび」「そばかす」「しもやけ」。

9 durable
解説 durable goods は「耐久消費材」。

10 ②
解説 call it a day「(その日の分の仕事を)切り上げる」

1 apart
解説 apart「離れて」

2 私は暑さに弱いんです。
   I'm ( ) to heat.

3 この案が成功するかどうかは今のところ不明だ。
   It ( ) to be seen if this plan will succeed.

4 この失敗は，君にとっていい薬になるだろう。
   This failure will teach you a good ( ).

5 この本は今年のベストセラーの1つです。
   This book is ( ) the best sellers this year.

6 彼女は英語がペラペラだ。
   She has a perfect ( ) of English.

7 「ねずみ捕り」に引っ掛かったよ。
   I was caught in a speed ( ).

8 このみやげ物は税関で申告してください。
   You have to ( ) these souvenirs at customs.

9 10年ぶりにクラス会がありました。
   We had a class ( ) for the first time in ten years.

10 あの男を見くびるな。
   Don't ( ) that man.

2 sensitive
解説 be sensitive to ~「~に敏感だ」

3 remains
解説 〈It remains to be + 過去分詞〉=「まだ~されていない」

4 lesson
解説 lesson「教訓」

5 among
解説 among = one of

6 command
解説 have a good [perfect] command of ~「~を上手に[完璧に]操る」

7 trap
解説 文字通りの「ねずみ捕り」は rattrap。

8 declare
解説「(税関での)申告用紙」は customs declaration form。

9 reunion
解説 class reunion「クラス会」

10 underrate [underestimate]
解説 反意語は overrate [overestimate]「過大評価する」。

9 日本語・英語または番号で答えてください。

1 salamander とは，実在するどんな生き物？

2 「大理石」を表す m で始まる単語は？

3 nagging mother とは，どんな母親？

4 「固定資産税＝(　　) tax」のカッコ内に入る単語は？

5 「満月」は full moon，「半月」は half moon。では「三日月」を英語で言うと？

6 カッコ内に共通して入る語は？
(a) He (　　) a joke.
(b) He (　　) a smile.
① threw　② laughed　③ thrust　④ cracked

7 antibiotic を日本語に直すと？

1 サンショウウオ
解説 伝説上の salamander は，「(火の中に住むと言われた) トカゲ」。

---

2 marble
解説 marbles は「ビー玉遊び」。

---

3 口うるさい母親
解説 nag は「小言を言う」の意味。

---

4 property
解説 property は「財産」。fixed property tax とも言います。

---

5 crescent moon
解説 「新月」は new [young] moon。

---

6 ④
解説 (a) crack a joke 「冗談を飛ばす」
(b) crack a smile 「破顔一笑する」

---

7 抗生物質
解説 anti- は，antiwar movement 「反戦運動」のように「反〜」の意味を表す接頭辞。

8 chocolate, musician, character, industry のうち、最初を強く読まない語は？

9「コンビニのない町は1つもない」の英訳として最も適切なのは？
① Any town has convenience stores.
② There are no town having convenient stores.
③ There are no town but has convenient stores.

10「彼はきっと来ます」の英訳として適切でないのは？
① He is sure to come.
② He will surely come.
③ It's sure that he will come.
④ I'm sure of his coming.

10 それぞれの文には、不要な1語が含まれています。その語を答えてください。

1 子供の頃は、地球が一番大きな天体だと思っていた。
When a child, I had believed that the earth was the largest heavenly body.

2 食卓の準備をする前に、お湯をわかしなさい。
Boil hot water before you set the table.

8 musician

解説 順に"チョコリット""ミュージシャン""キャラクタ""インダストリィ"。

---

9 ①

解説 ①は「どんな町にもコンビニはある」。③のような but の使い方は,現代英語にはありません。

---

10 ③

解説 ③の sure は,certain に変える必要があります。

---

1 had

解説 この文では,過去完了形を使う必然性がありません。

---

2 hot

解説 「お湯をわかす」は boil water。hot water をさらにわかしたら,蒸発してしまいます。

3 君の犬は具合が悪そうだ。どうかしたのか。
Your dog looks like sick. Is anything wrong with it?

....

4 私は休日には時々息子とキャッチボールをします。
I sometimes play catch ball with my son on holidays.

....

5 夫はふだん6時前には帰宅します。
My husband usually comes back to home before six.

....

6 その小包が届いたとき，包み紙は破れていた。
The package arrived with its wrapping paper was broken.

....

7 私はそうやってこの切符を格安で手に入れました。
That's the way how I have got this ticket at a low price.

....

8 彼らは1カ月以内に次の会合を開くという結論に達した。
They reached to the conclusion that they should hold the next meeting within a month.

....

9 あれが宝くじで大金を手に入れたと言われている人だ。
That is the man who is they say won big money in the lottery.

....

3 like
解説 look like の後には名詞を置きます。後ろに形容詞を置くときは，like は不要です。

4 ball
解説「キャッチボールをする」は play catch。

5 to
解説 come (back) home で「帰宅する」。home は「家へ」という意味の副詞です。

6 was
解説 〈with + O + 分詞〉の形で，「Oが～の状態で」の意味。

7 how
解説 the way how という形はありません。

8 to
解説 reach「～に到達する」の後ろには to は不要。

9 2つ目の is
解説 who (they say) won…のように考えます。

Part 8 ビジネス英語が使いこなせる！

⑩医者は彼に禁煙するように勧めた。
The doctor suggested to him that he would give up smoking.

10 would

解説 suggest に続く that 節中では，〈(should +) 動詞の原形〉を使います。

Part 9

これが解けたら英語の達人！

TOEICスコア
801〜900点レベル

1 日本語・英語または番号で答えてください。

1 archaeology を日本語に直すと？

2 real estate appraiser を日本語に直すと？

3 災害などで「(住民を)避難させる」という意味を表す，eで始まる動詞は？

4 jaywalker とは，どんなことをする人？

5 John's car was towed away. と言えば，ジョンの車はどうなった？

6 rote learning とはどんな学習？

7 ゴミ処理場にあるのは，次のうちどれ？
① reactor ② incinerator
③ dehydrator ④ equivocator

1 考古学
解説▶「考古学者」は archaeologist。

2 不動産鑑定士
解説▶「不動産業者」は real estate agent。

3 evacuate
解説▶「真空（vacuum）にする」が元の意味。

4 信号無視
解説▶正確には，道路上の横断歩道のない場所を（斜めに）横切って渡る人のこと。

5 レッカー移動された
解説▶「レッカー車」は wrecking [tow] car と言います。

6 丸暗記学習
解説▶「単語を暗記する」は memorize words または learn words by heart。

7 ②
解説▶順に「原子炉」「焼却炉」「電気乾燥機」「言葉を濁す人」。

8 depend on の意味を持たない表現は？
① count on ② fall on ③ look to ④ turn to

9 Man is (　　). のカッコ内に入れたとき，最も自然な単語は？
① edible ② valid ③ mortal ④ versatile

10 日本でも人気を博した米国のテレビドラマ『スパイ大作戦』の原題は「(M　　)(I　　)」。カッコ内に入る単語は？

2 それぞれの文には，1カ所ずつ間違いがあります。正しい表現に直してください。

1 すみませんが，私は英語があまり上手に話せません。
I'm sorry. I can't speak English very good.

2 窓から顔を出してはいけません。
Don't put your face out of the window.

3 彼は毎朝必ず7時に会社に着きます。
He never fails to arrive at the company at seven every morning.

8 ②
解説 fall on 以外は「～に頼る」の意味があります。

9 ③
解説「人間は死ぬ運命にある」。①②④はそれぞれ「食べられる」「有効な」「多芸多才の」。

10 Mission Impossible
解説 mission は「任務」。

---

1 good ⇒ well
解説 good「上手な」と well「上手に」の区別は，中学で習いますね。

2 face ⇒ head
解説 face は「顔 (の表面)」のこと。英語では「頭を出す」と表現します。

3 company ⇒ office
解説 company は「会社組織」のこと。「職場」は office です。

4 駅に着いたら，列車はもう出た後だと言われた。
When I reached the station, I was said that the train had already left.

5 1時間前に田中さんに電話しましたが，外出中でした。
I called Mr. Tanaka an hour ago, but he went out.

6 この不況では，彼女が仕事を見つけるのは難しいだろう。
Times are so bad that it will be hard for her to find her job.

7 この問題は難しすぎて誰にも解けない。
This problem is too difficult for nobody to solve.

8 世界中で多くの子供たちが餓死しているのは不幸なことだ。
It is unhappy that a lot of children in the world are dying of hunger.

9 この部屋は狭すぎて私たち一家が住むのは無理だ。
This room is so narrow that my family can't live in it.

4 said ⇒ told
解説 someone told me that ~を受動態にした形。

---

5 went ⇒ was
解説 go out は「外出する」。「外出中である」は be out です。

---

6 her job ⇒ a job
解説 her job だと「彼女が既に持っている仕事」の意味になってしまいます。

---

7 nobody ⇒ anybody
解説 too ~ to…「~すぎて…ない」には否定 (not) の意味が含まれているので, nobody だと二重に否定することになってしまいます。

---

8 unhappy ⇒ unfortunate
解説 (un)happy の主語は人間であり, It is (un) happy that ~. のようには言えません。

---

9 narrow ⇒ small
解説 narrow は「幅が狭い」という意味。「面積が狭い」は small です。

⑩私は社長がそのタクシーに乗るところをたまたま見ました。
I happened to see the president get on the taxi.

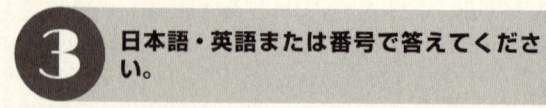

3 日本語・英語または番号で答えてください。

① china は「磁器」。では japan は？

② 米国で，任期の終わりが近く実権を失った大統領や政権を，生き物にたとえて何と言う？

③ labor pains とは，どんな痛み？

④ "The Origin of Species" の著者の名前は？

⑤ 幼児語で tummy は「おなか」のこと。では，yummy とはどんな意味？

10 on ⇒ into
解説 get on は,「(バスなど大型の車に) 乗る」場合に使います。「(小型車に) 乗る」ときは get into,「降りる」ときは get out of と言います。

1 漆器
解説「磁器」「漆器」は,それぞれ porcelain, lacquer とも言います。

2 lame duck
解説 lame duck の直訳は「足の不自由なアヒル」。任期の残っている落選議員を指すこともあります。

3 陣痛
解説「分娩」は delivery。easy delivery は「安産」。

4 ダーウィン (Charles Darwin)
解説 正式名は *On the Origin of Species by Means of Natural Selection*(『種の起源』)。

5 おいしい
解説 日常会話でも使われ, yum-yum とも言います。「まずい」は俗語で yuck(y)。

6 detention room はどんな施設にある？

7 野球などの連戦で対戦相手に全勝することを表す，s で始まる単語は？

8 missile, delicacy, orchestra, accessory のうち，最初を強く読ま<u>ない</u>語は？

9 ホテルで室内に鍵を置き忘れて締め出されたときに言う言葉。I'm (　　) (　　). のカッコ内に入る単語は？

10 英語として正しいものはどれ？
① ball pen「ボールペン」
② sharp pencil「シャープペン」
③ marker pen「マーカー」
④ signature pen「サインペン」

4
カッコの中に，次（276ページ）から適切な単語を1つずつ選んで入れてください。使うのは1語1回限りです。

1 This beer tastes bad. It's (　　).

2 What a (　　) negotiator Mr. Yamada is!

6 警察署
解説 detention room は「留置場」。

7 sweep
解説 選挙での大勝は，landslide（victory）と言います。

8 accessory
解説「アクセ<u>サ</u>リー」。ほかの3語は最初を強く読みます。

9 locked out
解説「閉じ込められた」なら locked in。

10 ③
解説 ①②④に当たる英語は，それぞれ ball-point pen, mechanical pencil, felt-tip pen。

1 stale
解説「このビールはまずいよ。気が抜けている」

2 tough
解説「山田氏は何と手ごわい交渉相手だろう」

Part 9 これが解けたら英語の達人！

3 This wall is too ( ). Let's decorate it with something.

4 The failure was a ( ) blow for our project.

5 I put the money in a ( ) deposit for 10 years.

6 I still have a cold, and have a ( ) cough.

7 This appears to be a ( ) bill.

8 I have a ( ) breakfast every day.

9 I have two ( ) tickets for the concert.

10 I'm sick of his ( ) jokes.

[bare, complimentary, corny, counterfeit, fatal, square, stale, time, tough, persistent]

3 bare
解説「この壁は殺風景すぎる。何かで飾ろう」

4 fatal
解説「その失敗は我々のプロジェクトにとって致命的な打撃だった」

5 time
解説「私はそのお金を10年の定期預金にした」

6 persistent
解説「まだ風邪を引いていて,咳がなかなか治らない」

7 counterfeit
解説「これはニセ札のようだ」

8 square
解説「私は毎日たっぷり朝食を取っている」

9 complimentary
解説「コンサートの招待券を2枚持っています」

10 corny
解説「彼のださい冗談は聞き飽きた」

5 日本語・英語または番号で答えてください。

1 すしネタの1つで，sea urchin とは何？

....

2 diabetes とは，どんな病気？

....

3 surplus の反対の意味を持つ，d で始まる単語は？

....

4「人のうわさをしていたら本人が来た」というときに使う言葉。Speak of the (　　). のカッコ内に入る，d で始まる単語は？

....

5 gas-guzzler とは，何の種類？

....

6 segregation「人種差別政策」の反対の意味を表す，i で始まる単語は？

....

7 It's all (　　) to me.「私にはちんぷんかんぷんだ」のカッコ内に入る語は，French, Dutch, Greek, German のどれ？

....

278

1 ウニ
解説 「イクラ」は salmon roe (roe は「魚卵」のこと)。

2 糖尿病
解説 発音は"ダイアビーティス"。

3 deficit
解説 surplus は「黒字」, deficit は「赤字」。

4 devil
解説 「うわさをすれば影」という意味の決まり文句です。

5 自動車
解説 「(燃費の悪い) 大型車」のこと。「低燃費車」は gas-saving [fuel-efficient] car。

6 integration
解説 integration は「人種差別撤廃 (による統合) 政策」。数学用語では「積分」。

7 Greek
解説 決まり文句。

8 javelin とは,どんなスポーツで使うもの？

9 英国の詩人ワーズワースが愛したとされる daffodil とは,何の花？

10 She's down to earth. の意味に最も近いのは？
① She's realistic.　　② She's depressed.
③ She's poor.

6 適切な位置に単語を1つ補って,英文を完成してください。

1 彼からそんなプレゼントをもらうなんて,夢にも思っていませんでした。
Little I dreamed he would give me such a present.

2 両親も親類たちも,その男の子に大きな望みをかけている。
Both his parents and relatives hope great things from the boy.

3 その女の子は,あやうく車にひかれるところだった。
The girl came near run over by a car.

8 槍投げ
解説 javelin は「(競技用の) 槍」。「槍投げ競技」は javelin throw。

9 スイセン [ラッパズイセン]
解説 ちなみにワーズワースは「words『言葉』+ worth『価値』」。

10 ①
解説 down to earth は「堅実な,現実的な」の意味です。

1 Little had
解説 否定の副詞を文頭に置くと,その後ろは倒置形になります。

2 hope for
解説 hope の後ろに名詞を置くときは,for が必要。

3 near being
解説 come near 〜ing「あやうく〜しそうになる」

Part 9 これが解けたら英語の達人! | 281

4 私たちはパーティーで大いに楽しみました。
We enjoyed a lot at the party.

5 先日の事故で大勢の人がけがをしました。
Many people injured in the accident the other day.

6 こんな美しい景色は見たことがありません。
I've never seen as beautiful scene as this.

7 この店のパートタイマーの大部分は，既婚の女性です。
Most of part-timers in this shop are married women.

8 計画を立てるのは簡単だが，実行するのは難しい。
It is easy to make a plan, but it is difficult to carry out.

9 私はその書類を誤って捨てたことを彼にわびた。
I apologized him for having thrown away the papers by mistake.

10 我々の秘密を漏らしたのは誰だと思いますか。
Who do you think was that leaked our secret?

4 enjoyed ourselves
解説 enjoy the party とは言えますが，enjoy at the party とは言いません。

---

5 people were
解説「けがをする」は be injured。

---

6 beautiful a
解説 as・so・how・too の後ろは，〈形容詞 + a [an] + 名詞〉の語順にします。この形では，a [an] が必要です。

---

7 of the
解説 特定のパートタイマーたちを指すので，the が必要。

---

8 carry it
解説「それ（= 自分が立てた計画）を実行するのは難しい」と考えます。carry it out の語順に注意。

---

9 apologized to
解説「彼にわびる」は，apologize to him。

---

10 think it
解説〈It was A that ~.〉「~したのはAだ」という強調構文をもとに考えます。

7 日本語・英語または番号で答えてください。

1 「（昼間の本業を持つ人が）夜間のアルバイトをする」という意味を表す，m で始まる動詞は？

2 ジョークなどの「落ち［急所］」を 2 語の英語で言うと？

3 pedometer を日本語に直すと？

4 新聞の一面に economic sanctions という言葉が出てきました。日本語に直すと？

5 endoscope, periscope, horoscope, stethoscope, oscilloscope のうち，水中で使うのは？

6 「光ファイバー」を英語に直すと？

7 「粉飾決算」を w で始まる 1 語で言うと

1 moonlight
解説 「(夜間の) アルバイトをする人」は moonlighter。

2 punch line
解説 「(演説や広告などの) 急所 (となる文句)」のことも言います。

3 万歩計
解説 pedal や pedicure からわかる通り, ped は「足」を表します。

4 経済制裁
解説 sanction には「公認 [批准] する」の意味もあります。

5 periscope
解説 順に「内視鏡」「潜望鏡」「天宮図」「聴診器」「オシロスコープ」。

6 optical fiber
解説 optical は「光学の」。

7 windowdressing
解説 window dresser は「体裁を繕う人」。

Part 9 これが解けたら英語の達人！ | 285

8 心の温かい人を日本語で「ヒューマニスト」と言うことがありますが，この意味に最も近い英語の単語は？

- -

9「衣食住」に当たる英語は？
① cloth, house and food
② food, clothing and shelter
③ food, clothes and dwelling
④ clothes, food and residence

- -

10 He won the election hands down. を日本語に直すと？
①彼は選挙に楽勝した。
②彼は選挙に辛勝した。
③彼は選挙違反をして勝った。
④彼は決戦投票で勝った。

8　カッコ内に適切な単語を入れてください。

1 彼らは2人とも金持ちだが，桁が違う。
They are both rich, but there is no（c　　）between them.

- -

2 免停になった。
I had my driver's licence（s　　）.

- -

8 humanitarian
解説▶「人道主義者」のこと。「人道主義」は humanitarianism。英語の humanist は「人文主義者」。

9 ②
解説▶ clothing は「衣類」, shelter は「住みか」。なお, cloth は「布」, clothes は「衣服」。

10 ①
解説▶ hands down「楽に」

1 comparison
解説▶ comparison「比較」

2 suspended
解説▶ suspend「一時停止する」

3 ビジネスの世界ではきちんとした服装は大切です。
Proper clothes (c   ) for much in the business world.

4 この週末は３連休がある。
We have three (c   ) holidays this weekend.

5 写真でその人が誰だかわかりますか。
Can you (i   ) the man by his photo?

6 スイッチを右に回しなさい。
Turn the switch (c   ).

7 奇遇ですね！
What a (c   )!

8 過労が彼の健康をむしばんでいる。
Overwork has (u   ) his health.

9 彼らは市場を独占しようとしている。
They intend to (c   ) the market.

10 憲法を改正すべきだと思いますか。
Do you think we should (a   ) the Constitution?

3 count
解説 count for much「重要である」

4 consecutive
解説 consecutive「引き続いた」

5 identify
解説 identify「(同一人物であると) 確認する」

6 clockwise
解説 clockwise「時計回りに」

7 coincidence
解説 coincidence「偶然の一致」

8 undermined
解説 undermine「徐々に害する」

9 corner
解説 corner「買い占める」

10 amend
解説 amend「修正する」

9 日本語・英語または番号で答えてください。

1 meteorologist を日本語に直すと？

2 「(警察などの)取り締まり」を意味する，c で始まる単語は？

3 bail とは，どんな種類のお金？

4 「euthanasia =(m　　) killing」のカッコ内に入る単語は？

5 the Big Dipper を日本語に直すと？

6 「放射能」を意味する，r で始まる単語は？

7 「I think the sentence is unconstitutional. =その(　　)は(　　)だと思う」のカッコ内に入る言葉は？

8 次の中で，彼女をけなしているのは？
① She's moody.　　② She's chic.
③ She's exotic.　　④ She's buxom.

290

1 気象予報士
解説 meteorology は「気象学」。

2 crackdown
解説 crack down on drug dealers「麻薬の売人を取り締まる」のようにも使えます。

3 保釈金
解説 He is under bail. は「彼は保釈中だ」。

4 mercy
解説「安楽死」

5 北斗七星
解説 dipper は「ひしゃく」。

6 radioactivity
解説「放射性物質」は radioactive substance。

7 判決, 憲法違反
解説「死刑判決」は death sentence,「憲法」は constitution。

8 ①
解説 ①は「彼女は気分屋だ」の意味。②は「あかぬけている」, ③は「魅惑的だ」, ④は「胸が豊かだ」。

9 次の中で他の3つと意味が違う表現は？
① You don't say!
② Well, I never!
③ You said it!
④ Unbelievable!

10 カッコ内に入れることができるのは？
They like playing (　　).
① ski　② house　③ net surfing　④ a yoyo

---

10 日本文の英訳として，より適切または自然な方を選んでください。ただし，どちらも全くOKなら○で答えてください。

1 私は以前彼に会ったことがあります。
A：I have ever seen him.
B：I have seen him before.

2 私たちは生計を立てるために働かねばならない。
A：We must work to make our living.
B：We must work for making our living.

3 私はハワイへ行ったことがありません。
A：I've never gone to Hawaii.
B：I've never been to Hawaii.

4 あの青い屋根の家を見なさい。
A：Look at that house whose roof is blue.
B：Look at that house with a blue roof.

9 ③
解説 ③は「その通り」。ほかは「まさか」。

---

10 ②
解説 play house は「ままごとをする」。④は with a yoyo ならOK。

---

1 B
解説 Aは誤り。ever はこのようには使えません。

---

2 A
解説 「〜するために」は，to 不定詞で表します。

---

3 ○
解説 規範的にはBが正しいとされますが，Aもふつうに使われます。

---

4 B
解説 Aは非常に不自然な表現。

Part 9 これが解けたら英語の達人！ 293

5 まだ終わってないんだ。
- A : I haven't finished yet.
- B : I'm not finished yet.

6 今日は天気がいい。
- A : It's fine today.
- B : It's a fine day today.

7 弟は私より2歳年下です。
- A : My brother is two years younger than I.
- B : My brother is junior to me by two years.

8 私は毎朝犬を散歩させている。
- A : I walk my dog every morning.
- B : I take my dog for a walk every morning.

9 なくしていた鍵を見つけた。
- A : I've found the missing key.
- B : I've found out the missing key.

10 兄の見舞いに病院へ行くところです。
- A : I'm going to the hospital to visit my brother.
- B : I'm going to the hospital to inquire after my brother.

5 ○

解説 Bの finished は「完了して」の意味の形容詞。

---

6 B

解説 アメリカ英語では，Aはふつう使いません（いろんな意味に解釈できるから）。

---

7 A

解説 Bは文法的には成り立ちますが，ほとんど使いません。

---

8 ○

解説 どちらもOK。

---

9 A

解説 Bは明らかな誤り。

---

10 A

解説 inquire after my brother は「兄の安否を（他の人に）たずねる」の意味。

Part 10

ネイティブ・スピーカー並みの英語力!

TOEICスコア
901点以上レベル

1
カッコの中に，次(300ページ)から適切な動詞を1つずつ選び，必要なら適切な形に変えて入れてください。使うのは1語1回限りです。

1 その車は交差点の真ん中で止まった。
The car ( ) up in the middle of the crossing.

2 ことわざにある通り，時は金なりだ。
As the proverb ( ), time is money.

3 その患者はつい今しがた意識を回復した。
The patient ( ) to only a moment ago.

4 彼は食べたものを全部吐いた。
He ( ) up all he had eaten.

5 遠回しに言うのはやめてくれ。
Don't ( ) around the bush.

6 感情に走ってはいけない。
Don't be ( ) away by your feelings.

7 この魚はいやなにおいがする。
This fish ( ) off an offensive smell.

8 火はゆっくりと鎮まりつつある。
The fire is slowly ( ) down.

298

1 pulled
解説 pull up「止まる」

2 goes
解説 as the proverb goes「ことわざにある通り」

3 came
解説 come to「意識を回復する」

4 threw
解説 throw up ～「～を吐く」

5 beat
解説 beat around the bush「遠回しに言う」

6 carried
解説 carry away ～「～を逆上させる」《通例受動態で》

7 gives
解説 give off ～「(においなど) を発する」

8 dying
解説 die down「鎮まる」

⑨その手紙を開く前に気を落ちつかせなさい。
   (   ) yourself before you open the letter.

⑩取引は成立しなかった。
   The deal (   ) through.

[beat, carry, collect, come, die, fall, give, go, pull, throw]

2 日本語・英語または番号で答えてください。

① ventriloquist とは，何をする人？

② 「判事」は judge。では，「検事」を表す p で始まる単語は？

③ kaleidoscope を日本語に直すと？

④ 「強気相場」は bull market。では「弱気相場」は？

300

9 Collect
解説 collect oneself「気を落ちつける」

10 fell
解説 fall through「失敗する」

1 腹話術
解説「腹話術」は ventriloquism。「声帯模写」は vocal mimicry。

2 prosecutor
解説 動詞の prosecute は「起訴する」の意味。

3 万華鏡
解説 発音は "カライドスコウプ"。

4 bear market
解説 強気を雄牛,弱気を熊にたとえたもの。bullish, bearish という形容詞もあります。

5 carcinogenic substance とは，どんな物質？

6「誘拐犯」は kidnapper,「人質」は hostage。では「身代金」を意味する r で始まる単語は？

7 seismologist とは，何を研究する人？

8 He is an incumbent professor. を日本語に直すと？

9 次の中で，彼をけなしているのは？
① He's brisk.　　　　　② He's naïve.
③ He's a wealer-dealer.　④ He's a go-getter.

10 2つの文がほぼ同じ意味になるよう，カッコ内に入る単語は？
(a) There are more women than men in my office.
(b) Women (　　) men in my office.

3　カッコ内に適切な単語を入れてください。

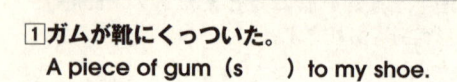

1 ガムが靴にくっついた。
A piece of gum (s　　) to my shoe.

5 発ガン性物質
解説 cancer-inducing substance とも言います。

6 ransom
解説 「身代金を要求する」は demand a ransom。

7 地震
解説 seismology は「地震学」。

8 彼は現職の教授だ。
解説 incumbent「現職の」

9 ②
解説 ①「彼は活発だ」，②「彼はだまされやすい」，③④「彼はやり手だ」。日本語の「ナイーブ」と英語の naïve とは意味が違います。

10 outnumber
解説 outnumber「～よりも数が多い」

1 stuck
解説 stick には「突き刺す」「固定する」「貼り付ける」などさまざまな意味があります。

2 娘に熊のぬいぐるみを買ってやった。
I bought my daughter a (s　) bear.

3 私たちはその博物館でたくさんの記念写真を撮りました。
We took lots of (s　) photos at the museum.

4 子供を甘やかすな。
Don't (s　) your children.

5 年功序列制にはよい点もある。
There are merits in the (s　) system.

6 酒場はすし詰めの状態だった。
We were packed like (s　) in the pub.

7 この映画はマンネリだ。
This is a (s　) movie.

8 オヤジはもうろくしてきた。
My father is becoming (s　).

9 その会社の株価は急騰している。
The company's stock price is (s　).

2 stuffed
解説 stuff は「ぎっしり詰める」の意味。stuffed green pepper「ピーマンの肉詰め」のようにも使います。

3 souvenir
解説 souvenir は「みやげ」。

4 spoil
解説 spoil「甘やかしてだめにする」

5 seniority
解説 the seniority system「年功序列制」

6 sardines
解説 缶詰のイワシをイメージした言い方。

7 stereotyped
解説 mannerism は「特徴」「気取り」の意味。

8 senile
解説 発音は"スィーナイル"。My father is in his second childhood. とも言います。

9 skyrocketing [soaring]
解説「暴落する」は crash, fall sharply。

10 理科系の卒業生は引っ張りだこだ。
Graduates in the physical sciences are much (s   ) after.

4 日本語・英語または番号で答えてください。

1 anorexia とは，どんな病気？

2 chrysanthemum とは，どんな植物？

3「減価償却」を意味する，d で始まる単語は？

4 They made a terrible racket. を日本語に直すと？
①彼らは大敗した。　　　　②彼らは大騒ぎした。
③彼らは絶望した。

5「ニューヨークっ子」は New Yorker。では「東京人」は？

6「手形に裏書きする＝(e   ) a bill」のカッコ内に入る単語は？

10 sought
解説 sought は seek の過去分詞。be (much) sought after で「(大いに) 需要がある」の意味。

1 拒食症
解説「過食症」は bulimia。

2 菊
解説 発音は"クリ<u>サン</u>シマム"。

3 depreciation
解説「価格の低下」の意味もあります。反意語は appreciation。

4 ②
解説 racket は口語で「大騒ぎ」の意味。

5 Tokyoite
解説 発音は"トウキョウ<u>ア</u>イト"。

6 endorse
解説 endorse は「承認する」の意味でも使います。

Part 10 ネイティブ・スピーカー並みの英語力！

7 fertility drug とは，どんな薬？

....

8 2つのカッコ内に共通して入る単語は？
(a) Now the country is in a (　　) of extreme disorder.
(b) He didn't (　　) clearly why he would quit his job.

....

9 wiretapping に使われる道具は，次のうちどれ？
① bug　② vise　③ pick　④ needle

....

10 2つの文がほぼ同じ意味になるよう，カッコ内に入る単語は？
(a) The situation is getting worse rapidly.
(b) The situation is (d　　) rapidly.

---

5 下線部のうち，誤りを含むものを1つ選んでください。

1 They ① have celebrated their wedding anniversary yesterday ② at the same restaurant ③ for twenty years ④ running.

....

2 ① It is interesting to compare ② the manners and customs ③ of Japan with ④ the United States.

7 排卵誘発剤
解説 fertile は「子を産む能力のある」。反意語は sterile「不妊の」。

8 state
解説 (a)「現在その国は極度の混乱状態にある」
(b)「彼はなぜ仕事をやめるのかを明言しなかった」

9 ①
解説 wiretapping は「盗聴」。bug は「隠しマイク」。

10 deteriorating
解説 deteriorate「悪化する」

1 ① (⇒ celebrated)
解説「彼らはきのう20年続けて同じレストランで結婚記念日を祝った」

2 ④ (⇒ those of the United States)
解説「日本の風俗習慣とアメリカのそれを比べるのは興味深い」

③ This matter ① will have to ② be postponed until we ③ will meet again ④ today week.

④ This is ① one of the ② best films ③ that has ④ ever been produced in Japan.

⑤ ① There's a rumor that ② the factories are going to shut down, but ③ I can hardly ④ believe them.

⑥ ① The police is ② searching for the terrorists ③ that are supposed to ④ have bombed the building.

⑦ Among the friends ① she's made ② over the computer line, ③ there is one ④ whom she feels particularly close.

⑧ ① Many of ② the world's people are ③ concerned about the ④ decreasing whales in the oceans and seas.

⑨ ① The poor girl ② was run over ③ by a dump car ④ driven by a reckless driver.

3 ③ (⇒ meet)
解説「この件は，来週の今日我々が会うまで延期されねばならないだろう」

4 ③ (⇒ that have)
解説「これは日本で今までに作られた最高の映画の1つです」

5 ④ (⇒ believe it)
解説「工場が閉鎖されるといううわさがあるが，私はそれをほとんど信じられない」

6 ① (⇒ The police are)
解説「警察はそのビルを爆破したと思われているテロリストたちを捜している」

7 ④ (⇒ to whom she feels)
解説「コンピューター回線を通じてできた友人の中に，彼女が特に親しみを感じている人がいる」

8 ④ (⇒ decreasing number of whales)
解説「世界の人々の多くは，海洋での鯨の減少について懸念している」

9 ③ (⇒ by a dump truck)
解説「そのかわいそうな少女は，無謀な運転手の運転するダンプカーにひかれた」

Part 10 ネイティブ・スピーカー並みの英語力！

10 The company ① is rumored to have ② suffered from ③ a big loss because of ④ the sharp fall of its stock price.

6 日本語・英語または番号で答えてください。

1 cat's cradle とは，どんな遊び？

2 He was relegated to manager of the Sendai Branch. の下線部の同意語は？
① transposed　　② demoted
③ patronized　　④ metamorphosed

3「連立政権＝（c　　）government」のカッコ内に入る単語は？

4 会社の査定などでの「能力主義」を意味する，m で始まる単語は？

5 phlegm の発音と意味は？

6 カッコ内に入れたとき意味をなす単語は？
The scandal may (　　) his political future.
① privatize　　② expertise
③ paralyze　　④ jeopardize

10 ② (⇒ suffered)
解説 「その会社は株価の暴落によって大損害を被ったとうわさされている」

1 あやとり
解説 「あやとり遊びをする」は play cat's cradle。

2 ②
解説 「彼は仙台支店長に左遷された」。①の transpose は「置き換える」, ③の patronize は「後援する」, ④の metamorphose は「変形[変態]させる」の意味。

3 coalition
解説 coalition party は「連立政党」。

4 meritocracy
解説 発音は "メリトクラシー"。

5 フレム(痰)
解説 「(咳をして)痰を吐く」は cough out phlegm。

6 ④
解説 「そのスキャンダルは彼の政治家としての将来を危機にさらしかねない」。①は「民営化する」, ②は「専門的知識」, ③は「麻痺させる」の意味。

Part 10 ネイティブ・スピーカー並みの英語力!

7 fence-sitter の同意語は？
① opportunist ② supervisor
③ vegan ④ sexist

8 カッコ内に入る単語は？
Human error (a   ) for 90 percent of all airplane accidents.

9 2つのカッコ内に共通して入る単語は？
(a) A mill is a place where wheat is (   ) into flour.
(b) The antiwar movement rapidly gained (   ).

10 俗語で He knocked her up. とは，どんな意味？
①彼は彼女を口説いた。　②彼は彼女に振られた。
③彼は彼女に告白した。　④彼は彼女を妊娠させた。

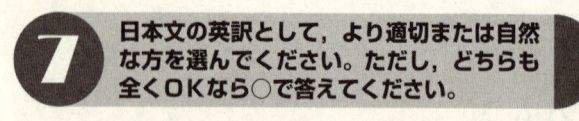

7

日本文の英訳として，より適切または自然な方を選んでください。ただし，どちらも全くOKなら○で答えてください。

1 今日は仕事がたくさんある。
A：I have much work today.
B：I have a lot of work today.

7 ①

解説「日和見(ひよりみ)主義者」。sit on the fence は「はっきりしない態度でいる」の意味。②以下は「監督」「絶対菜食主義者」「性差別主義者」。

8 accounts

解説「人間の犯す間違いが飛行機事故の原因の90％を占めている」

9 ground

解説 (a)「製粉所は小麦が小麦粉にひかれる場所です」
(b)「その反戦運動は急速に拡大した」

10 ④

解説 knock her up = make her pregnant

1 B

解説 much は, 肯定文中ではふつう使いません。

2 どちらのご出身ですか。
  A：Where do you come from?
  B：Where are you from?

3 来週の会合には必ず来てください。
  A：Be sure to come to the meeting next week.
  B：Never fail to come to the meeting next week.

4 コーヒーを2つください。
  A：Two coffees, please.
  B：Two cups of coffee, please.

5 ご趣味は何ですか。
  A：What is your hobby?
  B：What are you interested in?

6 私が話しかけた人は中国人でした。
  A：The man to whom I spoke was a Chinese.
  B：The man I spoke to was a Chinese.

7 私の職場は駅から遠い。
  A：My office is far from the station.
  B：My office is a long way from the station.

8 息子は歩いて登校しています。
  A：My son goes to school on foot.
  B：My son walks to school.

2 ○
解説 Where did you come from? とは言いません。

3 A
解説 Bの Never は, Don't とすべき。never はふつう, 1回限りの行為には使いません。

4 ○
解説 どちらも全くOK。

5 B
解説 たとえばパチンコやビデオ鑑賞などの「気晴らし」は pasttime であり, hobby とは言いません。誰もが hobby を持っているわけではないので, Bの方が適切です。

6 B
解説 Aは堅苦しい表現。Bの方がふつうの言い方です。

7 B
解説 far from ~ は通常, 疑問文・否定文で用います。

8 B
解説 Aは誤りではありませんが, Bの方が自然です。

Part 10 ネイティブ・スピーカー並みの英語力！ 317

9 あの映画を見ればよかった。
A: I wish I had seen that movie.
B: I should have seen that movie.

10 彼は私の3倍のCDを持っている。
A: He has three times as many CDs as I have.
B: He has three times the number of my CDs.

---

8 日本語・英語または番号で答えてください。

1 ウナギは eel。ではアナゴは？

2 Korea の形容詞は Korean。では，Iraq の形容詞は？

3 1つだけ他と意味の違う単語は？
① rectify　　② amend　　③ modify
④ verify　　⑤ correct

4 ビジネス英語で whistleblower とは，何をする人？

9 ○
解説 どちらもふつうの言い方ですが，Aは「見たかったなあ」という願望を，Bは「見逃したのが残念だ」という後悔を表します。

10 A
解説 Bは不自然な表現。

1 conger (eel)
解説「ウナギのかば焼き」は broiled eel。

2 Iraqi
解説 英字新聞やニュースではおなじみ。

3 ④
解説 ④は「確証する」。それ以外は「修正する」。

4 内部告発
解説「内部告発する」は blow the whistle (from the inside)。

5 inductive inference を日本語に直すと？

──────────────────────────────

6 disastrous damage の下線部と全く意味が違う単語は？
① untold   ② deliberate
③ devastating   ④ irreparable

──────────────────────────────

7「門限，夜間外出禁止令」を意味する，c で始まる単語は？

──────────────────────────────

8 NPT「核拡散防止条約」の正式名称は？

──────────────────────────────

9 equilibrium の同意語は？
① balance   ② similarity
③ counterpart   ④ analogy

──────────────────────────────

10 カッコ内に入る単語は？
(O   y) is linked to diabetes. You should watch your weight.

5 帰納的推論 [帰納推理]

解説 「演繹的な」は deductive。

---

6 ②

解説 ②は「故意の」。その他は「重大な」に近い意味。

---

7 curfew

解説 What time do you have to be in by? と言えば,「何時までに中にいなければなりませんか [門限は何時ですか]」の意味。

---

8 Nonproliferation Treaty

解説 proliferate は「繁殖する」。

---

9 ①

解説 「均衡」。equilibrist は「(サーカスの) 綱渡り芸人」。②④は「類似」, ③は「互いによく似た人 [物] (の一方)」の意味。

---

10 Obesity

解説 「肥満は糖尿病に結びつく。体重に気をつける方がいい」

Part 10 ネイティブ・スピーカー並みの英語力！

9 カッコ内に適切な単語を入れてください。

1 会議は一向にらちがあかない。
The conference is getting (n   ).

2 今日会議に出てもらえますか。
Are you (a   ) for the meeting today?

3 お子さんの予定日はいつですか。
When is your baby (d   )?

4 彼のこの報告書は，前のとは大違いだ。
This report of his is a far (c   ) from the previous one.

5 裁判所はその少年の養育権を母親に与えた。
The court gave (c   ) of the boy to his mother.

6 これは偽造パスポートだ。
This is a (f   ) passport.

7 家を改装したい。
I want to (r   ) my house.

1 nowhere
解説 get nowhere「成功しない，何にもならない」

2 available
解説 available「(人が) 応じられる」

3 due
解説 due「(子供が) 生まれる予定で」

4 cry
解説 a far cry「大違い」

5 custody
解説 custody は離婚訴訟などでよく使われる語で，joint custody「共同監護権」と sole custody「単独監護権」があります。

6 forged [fake]
解説 forgery は「偽造」。

7 remodel [refurbish]
解説 reform は誤り。この語は「改革する」の意味で，家には使いません。

8 このソフトはその機種のコンピューターとの間に互換性がない。

This software is not (c　) with that model of the computer.

----

9 私の家は800万円の担保に入っている。

There is a (m　) of eight million yen on my house.

----

10 この会社の年間の取引高は数十億円になる。

The company has an annual (t　) of several billion yen.

10　日本語・英語または番号で答えてください。

1 osteoporosis とは, どんな病気？

----

2 「(交替制の) 深夜勤務」を意味する表現は？
① owl shift　　　　② lizard shift
③ lobster shift　　　④ wildcat shift

3 「(特定の職業などで用いる) 専門用語」の意味を表す, j で始まる単語は？

8 compatible
解説 compatible「互換性がある」。「互換性」は compatibility。

9 mortgage
解説 mortgage「抵当（権）」。発音は"モーギッジ"。

10 turnover
解説 turnover「総取引高」

1 骨粗しょう症
解説 osteo- は「骨」を表す接頭辞。

2 ③
解説 graveyard shift とも言います。

3 jargon
解説 「お役所言葉」は official jargon。

4 カッコ内に入る単語は？

The terrorists blew up the hospital in (　　) for the attack.

① reclamation　　② procreation
③ retaliation　　④ reciprocate

---

5 2つのカッコ内に共通して入る単語は？

(a) The furniture was auctioned off in 20 (　　).
(b) We drew (　　) to see who would run errands.

---

6 英字新聞からの抜粋です。カッコ内に入る単語は？

The U.N. Food and Agriculture Organization reported that Asia's deadly bird (f　　) is still not under control despite the slaughter of 100 million birds in the region.

---

7 カッコ内に入る単語は？

The low salary and the demanding boss were bad enough, but the rude co-worker was the last (s　　). Then I decided to quit the job.

---

8 アナグラムです。「iolltxy」の7文字を並べ替えて、意味のある単語を作ってください。ヒントは「食生活」。

4 ③
解説「テロリストはその攻撃の報復として病院を爆破した」。①は「干拓」、②は「出産」、④は「返礼する」の意味。

---

5 lots
解説(a)「家具は20口に分けて競売にされた」
(b)「誰がお使いに行くか決めるために我々はくじを引いた」

---

6 flu
解説「国連食糧農業機構の報告では、アジアで猛威を振るっている鳥インフルエンザは、同地域の1億羽の鳥を死滅させたが、未だに収束していない」

---

7 straw
解説「安月給や要求のきつい上司だけでも十分に悪いが、礼儀知らずの同僚が我慢の限界だった。それで私は仕事をやめる決心をした」。It is the last straw that breaks the camel's back.「らくだの背骨を折るのは最後に積んだわら1本だ」ということわざに由来する慣用表現です。

---

8 xylitol
解説「キシリトール」

9 カッコ内に入る単語は？

(O   ) is a powerful drug made from the seed of a type of poppy. It's sometimes used to make illegal drugs.

10 IQテストのIQとは，何の略？

9 Opium

解説 「アヘンは、ある種のケシから作られる強力な薬である。非合法のドラッグを作るのに使われることもある」

10 intelligence quotient

解説 ＩＱの訳語は「知能指数」。quotient には「商（割り算の答え）」の意味もあります。ちなみにＥＱ「情動指数」は emotional quotient の略。

著者紹介
小池直己(こいけ なおみ)
立教大学卒業,広島大学大学院修了。カリフォルニア大学ロサンゼルス校(UCLA)の客員研究員を経て,現在,就実大学人文科学部実践英語学科教授・同大学大学院教授。NHK教育テレビ講師も務める。
著書に『放送英語と新聞英語の研究』『放送英語を教材とした英語教育の研究』(以上,北星堂書店),『TOEIC®テスト4択トレーニング(イディオム編)』『TOEIC®テスト4択トレーニング(文法・語法編)』(以上,学習研究社),『単語力アップ! 英語"語源"新辞典』(宝島社),『英会話の基本表現100話』(岩波書店),『TOEIC®テストの「決まり文句」』『TOEIC®テストの英文法』『TOEIC®テストの英単語』『TOEIC®テストの英熟語』『TOEIC®テストの基本英会話』『3単語で通じる英会話』『TOEIC®テストの定番イディオム』『中学英語を5日間でやり直す本(共著)』『中学英語を5日間でやり直す本〈パワーアップ編〉(共著)』(以上,PHP文庫)などがある。
「放送英語の教育的効果に関する研究」で日本教育研究連合会より表彰を受ける。

佐藤誠司(さとう せいし)
1981年東京大学英文科卒業,英数学館高校教諭,広島英数学館講師,研数学館,東進ハイスクールを経て,現在,佐藤教育研究所を主宰。
著書に『入試英文法マニュアル』(南雲堂),『中学英語を5日間でやり直す本(共著)』『中学英語を5日間でやり直す本〈パワーアップ編〉(共著)』(以上,PHP文庫)などがある。

本書は,書き下ろし作品です。

PHP文庫	英語力テスト1000
	楽しみながら語学センスがらくらくアップ！

2005年9月16日　第1版第1刷

著　者	小　池　直　己
	佐　藤　誠　司
発行者	江　口　克　彦
発行所	Ｐ Ｈ Ｐ 研 究 所
東京本部	〒102-8331 千代田区三番町3番地10
	文庫出版部 ☎03-3239-6259（編集）
	普及一部 ☎03-3239-6233（販売）
京都本部	〒601-8411 京都市南区西九条北ノ内町11
PHP INTERFACE	http://www.php.co.jp/
制作協力	PHPエディターズ・グループ
組版	
印刷所	図書印刷株式会社
製本所	

© Naomi Koike & Seishi Sato 2005 Printed in Japan
落丁・乱丁本の場合は弊所制作管理部（☎03-3239-6226）へご連絡下さい。
送料弊所負担にてお取り替えいたします。
ISBN4-569-66469-5

PHP文庫

町沢静夫 なぜ「いい人」は心を病むのか
松井今朝子 幕末あどれさん
松澤佑次 監修 やさしい「がん」の教科書
駒沢伸泰
松田十刻 東条英機
松原惇子 「いい女」講座
松下幸之助 指導者の条件
松下幸之助 物の見方考え方
松下幸之助 決断の経営
松下幸之助 社員稼業
松下幸之助 商売は真剣勝負
松下幸之助 強運なくして成功なし
松下幸之助 道を一歩一歩
松下幸之助 道は無限にある
松下幸之助 正道を歩む
松下幸之助 商売心得帖
松下幸之助 経営心得帖
松下幸之助 人生心得帖
松下幸之助 素直な心になるために
三浦宣義 なぜか「面接に受かる人」の話
水上勉 『般若心経』を読む

宮部修 文章をダメにする三つの条件
宮部みゆき 初ものがたり
宮部みゆき／安部龍太郎／中村彰彦 他 運命の剣のきらめき
宮脇檀 男の生活の愉しみ
向山洋一 中学校の「英語」を完全攻略
大鐘雅勝
向山洋一 小学校の「算数」を5時間で攻略する本
若林篤／播嶋真理子
向山洋一 編「中学の数学」全公式が12時間でわかる本
山田彬
森本邦子 わが子幼稚園に通うとき読む本
森本哲郎 ことばの旅（上）（下）
森本哲郎 戦争と人間
守屋洋 中国古典一日一言
八坂裕子 好きな彼に言うな、けど、50のことば
安岡正篤 活眼活学
安岡正篤 論語に学ぶ
八尋舜右 竹中半兵衛
山折哲雄 蓮如と信長
ブライアン・L・ワイス 前世療法
山川紘矢／亜希子 訳
ブライアン・L・ワイス 魂の伴侶―ソウルメイト
山川紘矢／亜希子 訳
山﨑武也 一流の仕事術

山崎房一 心がやすらぐ魔法のことば
山崎房一 子どもを伸ばす魔法のことば
山田正二 監修 間違いだらけの健康常識
山田陽子 1週間で脚が細くなる本
八幡和郎 47都道府県うんちく事典
唯川恵 明日に一歩踏み出すために
唯川恵 きっとあなたにできること
唯川恵 わたしのためにできること
ゆうきゆう 「ひと言」で相手の心を動かす技術
大阪府警甲野善紀 自分の頭と身体で考える
読売新聞編集局 リック西尾 英語で1日すごしてみる
竜崎攻 真田昌幸
鷲田小彌太 「やりたいこと」がわからない人たちへ
和田秀樹 受験は要領
和田秀樹 受験は要領
和田秀樹 わが子を東大に導く勉強法
和田秀樹 受験本番に強くなる本
和田秀樹 他人の10倍仕事をこなす私の習慣
渡辺和子 愛をこめて生きる
渡辺和子 目に見えないけれど大切なもの

PHP文庫

中谷彰宏 「大人の女」のマナー
中谷彰宏 なぜ、あの人は「存在感」があるのか
中谷彰宏 あの人を動かす人の50の小さな習慣
中谷彰宏 一日に24時間もあるじゃないか
中西 安 数字が苦手な人の経営分析
中西輝政 大英帝国衰亡史
中村昭雄 監修／政府・国会・官公庁のしくみ
造事務所 編著 図解
中村 晃児・玉源太郎
中村祐輔 監修 遺伝子の謎を楽しむ本
中村幸昭 マグロは時速160キロで泳ぐ
阿邊恵一 著 日本博学倶楽部 編 知って得する！速算術
中山庸子 「夢ノート」のつくりかた
奈良井安一 「問題解決力」がみるみる身につく本
西野武彦 「株のしくみ」がよくわかる本
西本万映子 「就職」に成功する文章術
日本博学倶楽部 「歴史」の意外な結末
日本博学倶楽部 「関東」と「関西」こんなに違う事典
日本博学倶楽部 雑 学 大 学
日本博学倶楽部 歴史の意外な「ウラ事情」
日本博学倶楽部 戦国武将・あの人の「その後」

日本博学倶楽部 幕末維新・あの人の「その後」
日本博学倶楽部 日露戦争・あの人の「その後」
野村敏雄 小早川隆景
野村敏雄秋 山 好 古
葉治英哉 松 平 容 保
秦 郁彦編 ゼロ戦20番勝負
服部英彦 「質問力」のある人が成功する
服部省吾 戦闘機の戦い方
服部隆幸 〈入門〉ワン・トゥ・ワン・マーケティング
花村 奬前 田 利 家
バーバラ・コロロッソ／田栗美奈子訳 子どもに変化を起こす簡単な習慣
羽生道英伊 藤 博 文
浜尾 実 子供を伸ばす「言う、ださにする」言
浜野卓也黒 田 官 兵 衛
晴山陽一 TOEIC⑧テスト英単語 ビッグバン速習法
半藤一利 レイテ沖海戦
半藤一利／横山恵一／秦郁彦 日本海軍 戦場の教訓
半藤末利子 夏目家の糠みそ
PHPエディターズ・グループ 図解「パソコン入門」の入門
日野原重明 いのちの器〈新装版〉

平井信義 親が子をしつけてはいけないこと
平井信義 子どもを叱る前に読む本
平川陽一 世界遺産 封印されたミステリー
平川陽一 古代都市 封印されたミステリー
平井栄一 上 方 学
福島哲史 「書く力」が身につく本
福田 健 「交渉力」の基本が身につく本
藤井龍二 ロングセラー商品誕生物語
藤原美智子 きれいへの77のレッスン
藤本義一 大阪人と日本人
丹 篠恒一〈改訂版〉株式会社のすべてがわかる本
北條恒一 「プチ・ストレス」にさよならする本
保坂隆監修 昭和史がわかる55のポイント
保阪正康 父が子に語る昭和史
保阪正康 昭和史に強くなる本
星 亮一浅 井 長 政
本間正人 「コーチング」の話のネタ
マザー・テレサ／ホセ・ルイス・ゴンザレス・パラド編／渡辺和子訳 マザー・テレサ愛と祈りのことば
毎日新聞社話のネタ
ますいさくら 「できる男」「できない男」の見分け方
ますいさくら 「できる男」の口説き方

PHP文庫

菅原万美 お嬢様ルール入門
鈴木秀子 9つの性格
スーザン・ハイワード 編/山川紘矢・山川亜希子 訳 聖なる知恵の言葉
世界博学倶楽部 「世界地理」なるほど雑学事典
関 裕二 大化改新の謎
関 裕二 壬申の乱の謎
瀬島龍三 大東亜戦争の実相
全国データ愛好会 47都道府県なんでもベスト10
曾野綾子 人は最期の日でさえやり直せる
大疑問研究会 大人の新常識520
太平洋戦争研究会 日本海軍がよくわかる事典
太平洋戦争研究会 日本陸軍がよくわかる事典
太平洋戦争研究会 日露戦争がよくわかる本
多賀一史 日本海軍艦艇ハンドブック
多湖 輝 しつけの知恵
高嶋秀武 話のおもしろい人、つまらない人
高嶋幸広 話し方上手になる本
高嶋幸広 「話す力」が身につく本
高野澄 井伊直政
高橋安昭 会社の数字に強くなる本

高橋勝成 ゴルフ最短上達法
高橋克彦 風の陣【立志篇】
高宮和彦 監修 健康常識なるほど事典
財部誠一 ミッドナイト・コール
田口ランディ しぐさと心理のウラ読み事典
田坂広志 仕事の思想
田島みるく 文/絵 お子様ってやつは
立石 優範 古典落語100席
田中澄江 「レゲエ」の上手い親・下手な親
田中鳴舟 みるみる字が上手くなる本
谷口克広 目からウロコの戦国時代
渡部昇一 孫子・勝つために何をすべきか
田原紘 目からウロコのパット術
田原紘 ゴルフ下手が治る本
田辺聖子 恋する罪びと
丹波元 京都人と大阪人と神戸人
丹波元 まるかじり礼儀作法

柘植久慶 日露戦争名将伝
デニーズ・スタフィルト/小公啓子 訳 少しの手間できれいに暮らす
童門冬二 「情」の管理・「知」の管理
童門冬二 上杉鷹山の経営学
童門冬二 男の論語（上）（下）
戸部民夫 「日本の神様」がよくわかる本
ドロシー・ローノールト/レイチェル・ハリス/石井千春 訳 子どもが育つ魔法の言葉 for the Heart
中江克己 お江戸の意外な生活事情
中江克己 お江戸の地名の意外な由来
永崎一則 話力をつけるコツ
永崎一則 人に好かれることば、鍛えられる
中島道子 松平忠輝
中根康弘 曽野慎太郎 石原慎太郎 永遠なれ、日本
中谷彰宏 人生は3年目までに勝負ある77の法則
中谷彰宏 なぜ彼女にオーラを感じるのか
中谷彰宏 自分で考える人が成功する
中谷彰宏 時間に強い人が成功する
中谷彰宏 大学時代にしなければならない50のこと
中谷彰宏 なぜあの人にまた会いたくなるのか

PHP文庫

- 樺 旦純　女ごころ・男ごころがわかる心理テスト
- 菊池道人　斎藤一
- 小池直己　中学英語を5日間でやり直す本
- 北岡俊明　ディベートがうまくなる法
- 入江泰吉写真文　仏像を観る
- 桐野一義　世界史怖くて不思議なお話
- 桐生 操　甲野善紀表の体育 裏の体育
- 桐生 操　王妃カトリーヌ・ド・メディチ
- 桐生 操　王妃マルグリット・ド・ヴァロア
- 楠木誠一郎　石原莞爾
- 国司義彦　30代の生き方を本気で考える本
- 国司義彦　40代の生き方を本気で考える本
- 黒岩重吾　古代史の真相
- 黒岩重吾　古代史を読み直す
- 黒部 亨　宇喜多直家
- 黒鉄ヒロシ　新選組
- 黒鉄ヒロシ　坂本龍馬
- 黒鉄ヒロシ　幕末暗殺
- ケリー・グリーン／榧井浩一訳　なぜか「仕事がうまくいく人」の習慣
- ケリー・グリーン／榧井浩一訳　だから、「仕事がうまくいく人」の習慣
- 小池直己　TOEIC®テストの〈決まり文句〉
- 小池直己　TOEIC®テストの英文法
- 小池直己　TOEIC®テストの英単語
- 小池直己　TOEIC®テストの英熟語
- 小池誠司　中学英語を5日間でやり直す本
- 佐々木誠二　武術の新・人間学
- 甲野善紀　武術からの発想
- 甲野善紀　古武術の新・人間学
- 甲野善紀　古武術からの発想
- 甲野善紀表の体育 裏の体育
- 郡順史佐々成政
- 國分康孝　自分をラクにする心理学
- 心本舖　みんなの箱人占い
- 兒嶋かよ子監修　『民法』がよくわかる本
- 須藤亜希子　赤ちゃんの気持ちがわかる本
- 木幡俊　「マーケティング」の基本がわかる本
- 小林正博　小さな会社の社長学
- 小卷泰之監修　図解 日本経済のしくみ
- 造事務所　コリン・ターナー／早野依子訳　あなたに奇跡を起こす小さな100の智恵
- 近藤唯之　プロ野球 遅咲きの人間学
- 今野紀雄監修　「微分・積分」を楽しむ本
- 財団法人 計量生活会議　知って安心！逆境がプラスに変わる考え方
- 齋藤孝　会議革命
- 斎藤茂太　なぜか人に好かれる人の共通点
- 酒井美意子　花のある女の子の育て方
- 堺屋太一　組織の盛衰
- 坂崎重盛　なぜ、男の周りに人が集まるのか
- 坂田信弘　ゴルフ進化論
- 阪本亮一　できる営業はお客で何を話しているか
- 櫻井よしこ　大人たちの失敗
- 佐治晴夫　宇宙の不思議
- 佐竹申伍　真田幸村
- 佐々淳行　危機管理のノウハウ PART1(1)(2)(3)
- 佐藤勝彦監修　「相対性理論」を楽しむ本
- 佐藤勝彦監修　「量子論」を楽しむ本
- 佐藤よし子　英国スタイルの家事整理術
- 芝 豪太　公
- 七田 眞　子どもの知力を伸ばす30の知恵
- 重松一義　江戸の犯罪白書
- 渋谷昌三　外見だけで人を判断する技術
- 司馬遼太郎　人間というもの
- 嶋津義忠　上杉鷹山
- シャリン・ブラウン／リンジー・ハリソン／堤江実訳　スピリチュアル・ノート
- 菅原明子　マイナスイオンの秘密

PHP文庫

逢坂剛 北原亞以子 鬼がつ「うまい」と言った江戸の味
逢沢明 大人のクイズ
赤羽建美 女性が好かれる9の理由
阿川弘之 日本海軍に捧ぐ
浅野裕子 大人のエレガンス80のマナー
阿奈靖雄 「プラス思考の習慣」で道は開ける
綾小路きみまろ 有効期限の過ぎた亭主・賞味期限の切れた女房
飯田史彦 生きがいの本質
飯田史彦 人生の価値
池波正太郎 霧に消えた影
池波正太郎 信長と秀吉と家康
池波正太郎 さむらいの巣
石島洋一 決算書がおもしろいほどわかる本
石原勝正 抱かれる子どもよ、子に育つ
石原結實 血液サラサラで、病気が治る・キレイになれる
板坂元男 エレガント・マナー講座
稲盛和夫 成功への情熱―PASSION―
稲盛和夫 稲盛和夫の哲学
瓜生中 仏像がよくわかる本

梅津祐良監修
池上重輔著 【図解】わかる! MBA

江口克彦 上司の哲学
江口克彦 鈴木敏文 経営を語る
江坂彰 「21世紀型上司」はこうなる エンサイクロネット
呉善花 日本が嫌いな日本人へ
呉善花 私はいかにして「日本信徒」となったか
大原敬子 なぜか幸せになれる女の習慣
大原敬子 愛される人の1分30秒レッスン
岡倉徹志 イスラム世界がよくわかる本
岡崎久彦 小村寿太郎とその時代
岡崎久彦 吉田茂とその時代
荻野洋一 世界遺産を歩こう
小川由秋 真田幸隆
オグ・マンディーノ
菅靖彦訳 この世で一番の奇跡
オグ・マンディーノ
菅靖彦訳 この世で一番の贈り物
小栗かほり
堀田just美子訳 エレガント・マナー講座
尾崎哲夫 10時間で英語が話せる
尾崎哲夫 10時間で英語が読める
快適生活研究会 【料理】ワザあり事典
快適生活研究会 【冠婚葬祭】ワザあり事典

岳真也 日本史「悪役」たちの言い分
笠巻勝利 仕事が嫌になったとき読む本
梶原一明 本田宗一郎が教えてくれた
風野真知雄 陳平
加藤諦三 「やさしさ」と「冷たさ」の心理
加藤諦三 自分に気づく心理学
加藤諦三 「ねばり」と「もろさ」の心理学
加藤諦三 人生の重荷をプラスにする人、マイナスにする人
金盛浦子 「つらい時」をちょっとする方法
金森誠也監修 30ポイントで読み解くクラウゼヴィッツ「戦争論」
加賀野厚志島津義弘
加賀野厚志本多平八郎忠勝
金平敬之助 ひと言のちがい
神川武利 秋山真之
狩野直禎 諸葛孔明
河合敦 目からウロコの日本史
川北義則 人生、だから面白い
川口素生 「幕末維新」がわかるキーワード事典
樺旦純 運がつかめる人、つかめない人
川島令三編著 鉄道なるほど雑学事典